100 PREGUNTAS CLAVE PARA TODO EMPRENDEDOR

100 PREGUNTAS CLAVE PARA TODO EMPRENDEDOR

Atajos prácticos
para ir de cero a emprendedor

Master Muñoz

Grijalbo

100 preguntas clave para todo emprendedor
Atajos prácticos para ir de cero a emprendedor

Primera edición: agosto, 2020

D. R. © 2020, Carlos Muñoz

D. R. © 2020, derechos de edición mundiales en lengua castellana:
Penguin Random House Grupo Editorial, S. A. de C. V.
Blvd. Miguel de Cervantes Saavedra núm. 301, 1er piso,
colonia Granada, alcaldía Miguel Hidalgo, C. P. 11520,
Ciudad de México

www.megustaleer.mx

ISBN: 978-607-319-540-9

Impreso en Estados Unidos – *Printed in USA*

El papel utilizado para la impresión de este libro ha sido fabricado a partir de madera
procedente de bosques y plantaciones gestionadas con los más altos estándares ambientales,
garantizando una explotación de los recursos sostenible con el medio ambiente y beneficiosa para las personas.

Índice

Introducción

Empiezo a escribir este libro sentado en un vuelo de dieciséis horas. Voy camino a Sudáfrica y es noviembre de 2019. Parto de la necesidad de escribir y no de un tema concreto. Te lo cuento porque la primera hoja de un libro siempre es la más difícil: clavar la mirada en la página en blanco llena de pavor a cualquiera. No sé por qué, pero es cierto.

De hecho, pasaron varios minutos entre la línea anterior y ésta. ¿De qué voy a hablar ahora? ¿Qué libro querrían leer los emprendedores? El inicio siempre es el paso más complicado en cualquier tarea que se emprenda.

Se fueron dos horas más.

¡Claro! Llegó por fin. Acabamos de sufrir una ligera turbulencia que revolvió el licuado de emociones, producto de la claustrofobia de ir tanto tiempo enlatado en un avión. Sentí miedo y lo comparé con el miedo del que hablé al principio. Por lo tanto, el tema de este libro debe ser precisamente *el inicio*.

¿De qué inicio hablaré? De aquél al que se enfrenta el emprendedor, del punto cero. Voy a contarte cómo arrancar para encaminarte a ser emprendedor. El recorrido vendrá después, pero es importante saber cuál es el primer paso.

Otra idea que apareció en mi mente, como una visión, fueron los números: 72, 9, 1. Déjame explicarte a qué me refiero.

El primer número es el 72%. Éste refleja la cantidad de personas que desearían tener su propio negocio. Son quienes quieren escapar de la vida corporativa o dejar de recibir las órdenes de un «ser supremo» que los mantiene encarcelados entre cuatro paredes (y una ventana si hay suerte) y dejar de trabajar para ellos para mejor trabajar por su libertad. Sí, 72% es un número inmenso.

El segundo número es el primero que duele conocer. En una ocasión escuché en una conferencia que sólo el 9% de la población mundial es dueña de su propio negocio. Esto incluye todo tipo de negocios, desde el de una sola persona que vende en la calle, hasta aquél de quien dirige una empresa formal con cientos de empleados. Es decir, si eres la cabeza de tu negocio, ¡felicidades! Estás en la élite del 9%.

El tercer número lo tomé de Robert Kiyosaki. Él insiste en que menos del 1% de la población ha logrado separarse de la labor operativa de sus negocios para vivir con libertad. Es decir, sólo el 1% del mundo vive en la verdadera libertad y disfruta una vida que el 99% del planeta envidia en redes sociales o en las páginas de las revistas especializadas en la vida de millonarios, mientras piensan: «Algún día…». Este libro pretende ser el empujón para sacarte del 99%. Yo lo hice.

A mis treinta y seis años llegué a ser parte de ese 1%. Suena bastante mamón, pero es la verdad. En enero de 2019 dejé la operación de mi empresa, 4S Real Estate, y empecé a recibir dividendos que no alcanzo a gastar. De pronto tuve tiempo libre. Fue en ese tiempo cuando surgió la idea de lanzar el Instituto ONCE, una institución que enlaza *edtech* (tecnología en educación) y *fintech* (tecnología en finanzas) con el objetivo de potenciar a un millón de emprendedores. En menos de dos años ya somos un equipo de sesenta personas y nos hemos convertido en líderes en la educación de emprendimiento en Latinoamérica. Y todo sin irme por el camino corto de levantar el negocio solo con dinero ajeno o una fuerte inversión de mi parte. La empresa debía ser sana y autosostenible. Ahora mismo pensarás: «Carlos, ¿cómo chingados le hiciste?». De eso se trata este libro.

De inicios.

De páginas en blanco.

De las primeras líneas.

Mi intención es ayudarte a escribir la primera hoja de tu vida como emprendedor, el arranque para llegar a la libertad suprema. Si lo ves a la distancia, parece algo difícil, pero sé que puedo guiarte. Lo digo porque no soy de sangre azul. No heredé millones para fundar mi empresa anterior. Soy como tú, arranqué de cero, con los mismos miedos, preguntas y limitaciones que has sentido y quizá sigas sintiendo. La diferencia es que encontré varios atajos y respuestas que hoy —después de hablar con cientos de emprendedores— sé que no todos conocen. Sobre esas respuestas hablaré en las siguientes páginas.

Este libro surge a partir de 100 preguntas que me han hecho emprendedores de todo tipo, de diferentes edades, contextos y capacidades. Éstas son mis respuestas.

A estas alturas seguro creerás que padezco una fuerte obsesión con los números. Desde el nombre de mis empresas (4S, i11), hasta los nombres de algunos de mis productos (M3E,

L2E, EMT2) y pasando por mis libros (*50 lecciones en desarrollo inmobiliario, 100 secretos de las rentas, 11 mentiras de las escuelas de negocios*), los números siempre encuentran la forma de colarse a la ecuación. Seguro es porque pienso en función de tiempo, de cantidades y de productividad. De aceleración.

El estilo de mis libros, como el de mis videos, está pensado y diseñado por y para quien lleva una vida acelerada. Sin embargo, la verdadera clave de mi estilo no está en los números en sí, sino en aquello que hay detrás. En este caso, las preguntas: 100. Si has visto mis videos en redes sociales, ya supones que la forma del libro es obvia porque me la paso respondiendo preguntas. Sin embargo, va mucho más allá.

Aquí las preguntas son la respuesta. ¿Cómo? Claro, el hecho de cuestionar es el verdadero punto de partida de la innovación y del crecimiento. En el libro *Las preguntas bellas*, de Warren Berger, el autor afirma con claridad que la cámara instantánea, los celulares y hasta Netflix o Airbnb, todos empezaron por una «pregunta bella» (*a beautiful question*) que al final fue la generadora de nuevas posibilidades.

Entonces, la respuesta principal que vienes a buscar en este libro, la de cómo llegar a la libertad a través del emprendimiento, se resuelve de forma muy sencilla:

> Haz más preguntas.

No dejes de cuestionar todo lo que ves y pierde el miedo a preguntar.

Saber cuestionar te permitirá descubrir y apoyarte en los cuatro pilares de la mentalidad del emprendedor: crear, decidir, conectar y dirigir.

La creatividad se origina de nuestra capacidad para hacernos preguntas difíciles, para las cuales no haya solución en ese momento y que exijan, pues, el trabajo de la imaginación.

La toma de decisiones no es otra cosa que desarrollar una habilidad de pensamiento crítico, la cual se sustenta a su vez en la capacidad de cuestionar todo aquello vinculado a una situación. Hacerse las preguntas importantes antes de tomar una decisión hace toda la diferencia en la calidad del resultado.

La conexión con otros depende de nuestro interés por hacer preguntas a la persona que tenemos enfrente. Se han hecho incontables investigaciones que insisten en que nos volvemos más sociables cuando sabemos elaborar preguntas.

Y, por último, liderazgo, quizás la menos relacionada con el acto de cuestionar. Se supone que el líder es el dueño de todas las respuestas, ¿o no? No. Es una visión vieja del liderazgo. En el mundo VICA —mundo volátil, incierto, complejo y ambiguo— en donde vivimos, cada vez queda más claro que los líderes de mayor potencial son quienes muestran la humildad necesaria para realizar preguntas ambiciosas e inesperadas, las que nadie imaginaba. Los líderes de hoy deben formular las preguntas que anticipan el rumbo de una organización y cuentan con la capacidad de convocar respuestas para todo un equipo de trabajo. Los líderes, por tanto, también se construyen a partir de preguntas.

Abriste el libro con la idea de encontrarte con 100 respuestas, pero vas a terminar convenciéndote de que el verdadero valor se halla en las preguntas. Si de verdad quieres construirte como emprendedor exitoso, recuerda que debes convertirte en un mejor cuestionador.

¿Cómo?

Fácil: aprende de los niños. Al momento de escribir este libro mis hijos tienen siete y tres años, edades bastante productivas si hablamos de curiosidad. Se dice que un niño de cuatro a seis años puede realizar de cien a doscientas cincuenta preguntas en un día. Créeme, gozar de esa capacidad de cuestionamiento requiere de una mentalidad muy poderosa, libre de estigmas y miedos.

Antes de continuar con las preguntas quiero que reflexiones sobre lo escrito en el párrafo anterior. Necesito que logres vencer los miedos y te deshagas de tu arrogancia, de pensar que eres dueño de un conocimiento supremo, para que mañana te conviertas en un mejor cuestionador. Sólo así podremos utilizar este libro como punto de partida y no creer que resolverá tu vida entera.

Habiendo dicho todo eso, ¿cuáles son esas 100 preguntas? Son cuestionamientos reales divididos en cinco temas que cien emprendedores (o emprendedores potenciales) me hicieron en alguno de mis eventos, conferencias o mentorías. Preferí utilizar esa base para que sientas que cada respuesta va dirigida a ti. A veces, quienes son dueños del contenido hablan con palabras rebuscadas y conceptos que hacen imposible entender algo nuevo para nosotros. En este libro uso las palabras exactas de quien me enfrentó (algunas preguntas podrían considerarse verdaderas afrentas) y te presento tal cual mis respuestas, además de algunos conceptos importantes que he añadido para darles más fuerza. Lo que encontrarás aquí son respuestas a 100 preguntas que vale la pena conservar.

Quiero hacerte una advertencia final. No llegaste a este libro por las respuestas. Llegaste aquí para que tu mente reconecte cables a través de las preguntas y para que éstas te ayuden a perseguir tu propia respuesta.

Los cinco temas:

1. **Inicio.** Todos arrancamos en cero. Cero capital, cero empleados, cero clientes. ¿Cómo superar el cero?
2. **Mentalidad.** No hay manera de arrancar si a tu mente le falta preparación.
3. **Despegar en ventas.** El punto de despegue de una empresa se da cuando comienza a correr sangre por sus venas. Esa sangre es el ingreso producto de sus ventas. ¿Cómo detonar el inicio comercial de tu empresa?
4. **Socios y talento.** Muy pronto te vas a dar cuenta de que el juego de los negocios es un juego de talento.
5. **Finanzas y dinero.** El manejo del juego del dinero es parte crucial para entender cómo ganar en los negocios.

Es increíble lo que uno puede planear en un vuelo de dieciséis horas.

Inicio

1. ¿Cómo puedo emprender si no tengo dinero?

Ésta podría ser la pregunta que más se repite en mis redes y en mis eventos. Parece que alguien nos metió en la cabeza la idea de que, para iniciar en el mundo del emprendimiento, se necesita mucho dinero. Antes de entrar de lleno a la respuesta, te daré una estadística: Chris Hogan elaboró un estudio en Estados Unidos con más de mil emprendedores exitosos (es decir, empresas con valuaciones millonarias) y, de la muestra, el 79% había arrancado sin un centavo. Sí, iniciaron su recorrido de cero.

El mundo del emprendimiento es como un antro. Adentro está la fiesta. Sabemos que cuando logras entrar al mundo del emprendimiento, es decir, ser exitoso, vas a ganar buenas cantidades de dinero. Pero pocos lo logran. De hecho, adentro se encuentra el 9% de la gente más exitosa del planeta. Por lo mismo —como pasa en todos los antros populares— todo mundo está en la puerta y busca entrar. Le gritan al cadenero, pero no deja entrar a casi nadie. Si alguna vez lo viviste, seguro pensaste que sólo pasan aquellos con pinta de millonarios o al menos que muestran dinero. Si lo viste, o quien lo ha visto, asume que si tienes dinero, te dejan entrar. Yo no tengo, piensas, así que jamás lograré entrar.

Ahora bien, algunos curiosos se preguntan: ¿cómo le voy a hacer si el dinero que yo quiero está adentro? La respuesta se halla en la puerta trasera.

> Hay una puerta en la parte de atrás de ese antro y, en el mundo del emprendimiento, son los servicios de alto valor agregado.

Debido a que son servicios, no requieren grandes inversiones de inicio, sólo tiempo. Y, al ser de alto valor agregado, es posible incrementar precios (y, por ende, ingresos) si tienes el talento para hacerlo extraordinariamente bien. Cuando pienses en éstos, imagina: una agencia de marketing digital, una de *e-commerce*, servicios de *coypwriting*, agencias de rentas de corto plazo, etcétera. Nótese que dije servicios de ALTO valor agregado. Ser chofer, hacer limpieza, también son servicios, pero dado que no hay mucho valor agregado, no se pueden cobrar con primas de precio. Los servicios a los que yo me refiero son estratégicos y generan ingresos sustanciales. Ésos serán tus primeros negocios, los que te impulsarán en este mundo del emprendimiento. Yo tengo más de una decena de negocios, pero arranqué mis cadenas principales con servicios de alto valor agregado.

Te daré un ejemplo. Supongamos que tu sueño es ser dueño de un hotel. Por supuesto, dirás: «Carlos, pero para tener un hotel necesito dinero». Pues sí, pero estos modelos de servicios de alto valor son tu trampolín para lograrlo.

Vamos a imaginar una secuencia de negocios:

Empiezas con un primer negocio, sin dinero, que será una agencia digital para apoyar a hoteles locales.

Después, reinviertes las utilidades de ese primer negocio y empiezas con el segundo. Se corre la fama de que la agencia, la tuya, es la que más sabe sobre cómo generar demanda para hoteles. Ahora, tu segundo negocio es una consultoría para incrementar utilidades de hotelería. Cobras más.

Ya con eso, vuelves a reinvertir las utilidades y conocimiento de esos primeros dos negocios y lanzas un tercero, una operadora de hotel (porque ya te creaste una fama, una imagen y, además, tienes conocimiento). La operadora cobra un porcentaje de la ocupación (es decir, no es dueña del hotel, sólo opera). Tus ingresos van en aumento.

Sigues con el camino de la reinversión y, como ya cuentas con mayor flujo, ese dinero de tus tres primeros negocios irá a la operación de una decena de hoteles valiéndote de un método propio. A estas alturas tus ingresos estarán muy por encima de lo que habías pensado.

¿Qué sigue? El quinto negocio será la adquisición de tu primer hotel.

Listo, ahí está la manera en que puedes hacerte de un hotel sin un centavo. ¿Fácil? Jamás dije que sería así. Todo ese camino conlleva tiempo, inteligencia, sufrimiento. Yo sólo dije que es realizable. ¡Por eso, el éxito está destinado para el 9% de los mejores del planeta en este juego!

2. ¿Cómo hago para encontrar esa idea extraordinaria que me ayude a despegar como emprendedor?

El problema es que tú te has creído el mito de que, para ser emprendedor, necesitas encontrar una idea millonaria. En ese mundo mitológico de la «idea millonaria» te dicen que un día, de la nada, se te prenderá el foco, que por casualidad pensarás en algo nunca explorado y que, además, te llevará de cero a vender millones de la noche a la mañana. Eso es lo que muchos quieren que tú creas y lo estás haciendo. Por desgracia, o por fortuna, te digo que la idea es falsa.

> En el mundo del emprendimiento no necesitas una idea millonaria, lo que necesitas es, lo que yo llamo, una «idea centavera» que te deje tiempo libre.

La llamo así porque se necesita una idea que te dé un ingreso consistente, seguro, y, por otro lado, que puedas delegar y ganar tiempo para que puedas ejecutar las labores y llevar a cabo esa idea en menos del 50% de tu tiempo. El otro 50% del tiempo lo necesitas para dar el siguiente salto y mejorar esa idea.

Por eso, para comenzar un emprendimiento, debes hallar una idea sencilla con dos cualidades: la primera es que evolucione todo el tiempo, es decir, que vaya mejorando, cambiando; y, la segunda, es que con tu tiempo libre empieces a agregar nuevos negocios. Mientras el negocio inicial siga mejorando, vas a generar otros negocios pequeños que se sumen a ése que es la base. Si asimilas esto, vas a entender el verdadero juego del emprendimiento, que está lejos de las ideas millonarias. Comienza a pensar ideas centaveras y dales tiempo para que te vuelvan millonario.

Confesión que debo hacer acerca de esta pregunta: aunque me veas como una especie de genio, no lo soy. No he patentado un medicamento nuevo o he hecho algún descubrimiento científico. Sólo he sido capaz de encontrar negocios sólidos. Después de sumar tantos negocios vas a empezar a ver cómo también irán sumándose ceros a tus cuentas bancarias.

3. ¿Cómo empezarías a promover una empresa desde cero en estos tiempos?

Si me sigues de verdad, te debiste haber dado cuenta de que volví a empezar de cero. Luego de dejar mis labores operativas en 4S Real Estate, empecé a buscar mi siguiente proyecto con un sólo colaborador. Ya somos poco más de setenta. Y, aunque apenas vamos a cumplir dos años en i11, todavía siento que estamos en la etapa inicial.

Pero ¿cómo arrancar para que el inicio sea más o menos sencillo y no te ahogues? Con los clientes. Necesitas una fuente constante de clientes. Por lo mismo:

> Tu empresa se inicia un año antes de lo que crees.

Es un año en el que sólo te dedicas a crear una comunidad. Cuando lancé i11, nadie entendía qué hacía con los videos. Por eso, al comienzo, la operación de la empresa es irrelevante, lo que importa en el inicio es la construcción de la comunidad. Yo sabía que eso buscaba con los primeros videos en Facebook. La ventaja que ofrece hoy la era digital es que algunas plataformas permiten alcance «gratis», por lo que puedes construir esas comunidades de las que hablo con nada o poco dinero.

Cuando arrancamos i11, el alcance orgánico gratuito venía de Facebook. No sé si a ti te tocó vivir la viralidad de esa red social. El video de «Negocios pendejos» fue reproducido más de doce millones de veces en la primera semana, con sólo 50 dólares de pauta. Ésa era la época de oro de Facebook, porque colgabas tres videos y te ibas al cielo. Ya no vivimos esa época (en esa plataforma). Instagram vino después, pero hoy ya está castigando los alcances orgánicos y, como es una comunidad más cerrada, crearla ya es más caro y más lento que en el momento de oro de Facebook. Si me preguntas qué haría si estuviera arrancado otra vez y sin dinero (en 2020), me centraría en TikTok. La fecha es importante porque no sé cuánto va a durar esta ventana de oportunidad. Sin embargo, la clave es encontrar alcance orgánico regalado (o muy barato) y de ahí construir una base de mil seguidores. Recuerda, no necesitas millones de seguidores, necesitas mil verdaderos fans. Digamos que, si logras extraer 100 dólares de utilidad de cada uno de ellos al año, sumarías 100 mil. Suficiente para vivir con comodidad.

Dedícate a construir esa comunidad de base y, en cuanto la tengas, inicia con la venta de servicios. Si arrancas con una comunidad armada será mil veces más fácil que cuando sales desde el primer día a tocar puertas. De nuevo: tu empresa nace un año antes del día que crees.

4. ¿Cómo comenzaste tu vida como emprendedor?

Te voy a contar cómo empecé desde cero, sin base alguna, a partir de seis hitos en mi vida.

El primero se dio durante una clase en la universidad. El maestro dijo: «Señores, les tengo una excelente noticia, el gobierno nos acaba de contratar para que hagamos un estudio de ochenta ciudades en México. Necesito a alguien que trabaje tres meses codo a codo conmigo porque vamos a publicar un libro interesante. Pero no hay paga». Luego preguntó: «¿Quién quiere ser voluntario para el estudio?». Nadie levantó la mano. Se dirigió a tres alumnos en específico, pero uno tras otro respondieron que no. Por supuesto, a mí me dio coraje que yo no fuera ninguno de los tres elegidos porque yo me creía brillante. Por eso levanté la mano: «Profesor, yo le ayudo». En ese momento, la verdad, era una cosa difícil de hacer, porque estudiaba Economía por la mañana y Derecho en las noches. Pero empecé. Todos los días, a las diez de la noche, cuando acababa mi segunda carrera, me ponía a trabajar en el estudio. Dediqué tres meses a sacarlo. Pero gracias a esos desvelos se iba gestando mi primer negocio, que sería una de las cosas más importantes en mi vida emprendedora.

El segundo hito ocurrió cuando me gradué de las carreras, años después, y no tenía idea de qué hacer con mi vida. Claro, el sistema de educación superior es pésimo, y es absurdo que luego de terminar la carrera un estudiante no sepa qué hacer. En fin, yo tenía algo claro: no quería trabajar para otro. La lección me la había dejado mi papá tatuada en el código genético. Así que decidí emprender un negocio, aunque no sabía bien de qué. Por fortuna traía ese estudio de las ciudades de México bajo el brazo y lo único que podía hacer era venderlo. Así pues, salí a vender asesorías y a ayudar a otras empresas que necesitaran información de ciudades y, en ese recorrido, conocí a mi primer socio, Francisco Peña. Me acuerdo muy bien de que en aquel momento ninguno teníamos muy claro para qué iba a servir, pero necesitábamos trabajar porque si no, nos íbamos a morir de hambre. Concretamos un par de proyectos interesantes y conseguimos en aquel momento cinco o seis clientes. Uno de ellos —que después resultaría otro hito en mi recorrido— nos invitó a un proyecto para la industria inmobiliaria. En aquel entonces, yo no entendía qué significaba, pero el cliente veía valor en la información que estábamos generando. Nos pidió un primer estudio, lo entregamos y les gustó tanto que nos aplaudieron luego de la presentación. «¿Cuántos de estos estudios pueden hacer?», nos preguntó el cliente. Yo pensé: «Los que quieras, ¿cuántos necesitas?». En ese momento, nos pidió exclusividad en el ramo inmobiliario y, si bien sonó tentador, ya teníamos experiencia con clientes que pedían exclusividad y le dijimos que no. Por fortuna aceptó, y esto me hace pensar en las lecciones que traemos del pasado. Empezamos a trabajar con él en temas inmobiliarios, pero sin ser exclusivos. Muy rápido nos dimos cuenta de que nuestro servicio era valioso para una industria que llevaba años operando con inversiones millonarias sin fundamentos. Ahí comienza la segunda parte de mi historia. Es importante porque muchas veces sabemos lo que queremos hacer y en qué somos buenos, pero no llevamos estas habilidades a donde cobren valor en el mercado. En 4S Real Estate encontramos que había mucho valor en la integración de datos, ciencia y metodología en una industria a la que le hacía falta. Así fue como la primera empresa que fundé encontró su *market fit* con la industria inmobiliaria y en eso nos especializamos.

El tercero de los momentos críticos viene con la definición y la ambición detrás de la misión de la empresa. La empresa pudo haber manejado diez proyectos a la vez, y con eso fijar un tope, pero se me ocurrió la idea de que nuestra compañía fuera internacional. Con esa idea clara, un mentor me desafió y preguntó: «¿Qué es internacional? ¿Por qué la palabra 'internacional'? ¿Por qué tan ambiguo?». Gracias a él refinamos la meta y la visión de 4S: estaríamos en cuarenta países para el año 2025. Fue vital en nuestro crecimiento creer que podríamos ser una organización de ese tamaño; tan importante en esta historia que incluso ese manifiesto está en la pared de la oficina y lo vemos todos los días. La intención de quienes fundamos la empresa era que todos vieran hacia dónde íbamos: cuarenta países para el 2025, la empresa más importante del ramo a nivel global. Ése fue el momento en el que elevamos la expectativa. Muchos me preguntarán cómo vamos con esa misión y les digo que en 2019 ya logramos estar en dieciocho países.

La cuarta parte de la historia involucra un proceso personal. Una de las personas que más influencia tuvo en mi infancia fue mi abuelo, que fue un lector impresionante. Por desgracia, murió en 1998, sin poder publicar un libro que siempre tuvo en mente. Además de su biblioteca, sentí que me había dejado un legado: el deseo de escribir un libro. Lo tenía como un pendiente personal y fue doloroso el proceso porque empecé a escribir y, una vez que tuve una noción clara de lo que quería —que era mi primer libro técnico—, decidí encarar a veinte editoriales mexicanas para que se publicara. Fue duro porque todas las editoriales en México a las que busqué me rechazaron. Es difícil enfrentar eso porque no entiendes cómo tanto tiempo, trabajo, inversión, todo lo que has hecho falla en producir eco y no hay persona alguna que te apoye. Pensé que ese libro nunca se iba a publicar, pero algo extraordinario pasó. Algunas semanas después de una de las últimas citas con las editoriales, por azares del destino, y gracias a una de las oportunidades digitales que hay hoy, alguien leyó mi *blog* y me invitó a dar una conferencia en Argentina, en Buenos Aires. Terminé la charla y una persona se me acercó para decirme: «Carlos, extraordinaria tu plática, eso tiene que hacerse un libro». Levanté la cara y le pedí que me dijera eso de nuevo. «Que queremos hacer un libro de tu contenido». En ese momento pensé: «¿Cómo es posible que allá todos me rechacen y que aquí me quieran?». El libro lo tenía casi terminado y, en muy poco tiempo, lo publicamos. Es técnico y se llama *Innovación en desarrollo inmobiliario*. Ahora que lo abro y lo leo, me doy cuenta de que muchos de los conceptos siguen vigentes. Para mí, es una base importante, pero, sobre todo, representa al inicio muchas cosas: la primera, la seguridad de que algo que perseguía yo con tanta fuerza y con tanta energía se pudiera cristalizar. La segunda, el parteaguas para arrancar ese recorrido internacional que queríamos, pues publicar en Argentina nos trajo un torrente de llamadas de toda Sudamérica. Eso fue lo que realmente catapultó el inicio de una organización internacional; la tercera, aquello marcó la seriedad y la ambición de una organización que no quería quedarse como las demás, sin dar algo hacia su industria. Este primer libro lo tengo muy cerca de mi corazón porque marcó el inicio de mi carrera como autor. Hoy tengo once libros publicados y algunos más en proceso. Estoy seguro de que la cadena de libros seguirá creciendo porque es algo que disfruto. Al momento de terminar de escribir el séptimo, *Halcones de venta,* había de tres a cinco editoriales con propuestas serias para tomar el libro. Lo publicaron una editorial en México, una en Argentina y una en España. Cómo cambian las cosas: de rogarles a que ahora ellos me rueguen a mí.

El quinto hito de mi historia fue fundamental porque, conforme crecíamos, nos dimos cuenta de que los libros, el posicionamiento y demás, estaban funcionando a nuestro favor. El problema era que, con tanto viaje y movimiento, nos saturamos, vivíamos estresados y no dábamos abasto para atender a un continente. Fue en ese momento en que, apoyados de una serie de consultores, diseñamos el mecanismo, el método para crear socios. Éste es otro de los pilares de este gran cambio de la organización, porque antes de eso nos limitaba el potencial económico, el tiempo, muchas cosas, hasta que diseñamos un proceso por medio del cual alguien se podía convertir en nuestro socio y atender una región específica. Ese primer experimento se originó en la ciudad de Puebla, con nuestro primer socio regional, pero rápido creció por todo México y, luego, a nivel internacional, con oficinas en Guatemala, Costa Rica, Panamá, Colombia, Perú, Argentina y otros países. Ese mecanismo nos permitió entender que no necesitábamos hacer todo nosotros, podíamos encontrar otros emprendedores que quisieran unirse a esta visión enorme de cambiar el mundo a través del desarrollo inmobiliario bien hecho y que eso iba a potenciar también a la empresa. Así que, la implementación del método se volvió una pieza clave. Cuando lo analizo en retrospectiva, entiendo que se convirtió en parte de nuestra propuesta de valor al empleado, una cosa que de inicio no habíamos visto porque, al avanzar, lográbamos que los empleados fueran tomando estas posiciones de socio y hoy todos los miembros de 4S aspiran a la posibilidad de llegar a ser socios en algún territorio. Este quinto paso significó tejer una red de hermanos con los cuales llevamos nuestra organización adelante, el modelo de organización neuronal y de socios del que he hablado siempre.

El sexto de los hitos de mi historia parece lleno de éxitos y premios, pero en realidad es de terror. No me gusta hablar sobre eso, pero estuve fuera de la empresa algunos meses a raíz de que la salud de mi hija se complicó hasta que falleció. En esos meses, que fueron en extremo dolorosos para mí, no pensaba en la empresa ni en qué estaba pasando con ella. Mis socios tomaron la batuta y me ayudaron, capitanearon el barco. Lo más interesante de esa época fue que la empresa creció. De hecho, la división que yo llevaba creció al doble sin mí. Yo pude haberme enojado, pude haberlo tomado de forma negativa, pero la verdad es que mi cabeza en aquel momento estaba en otro lado. Cuando regresé, me di cuenta de lo malo que yo era para operar, una lección que a cualquier emprendedor le toma tiempo entender, pero que cuando uno lo entiende es cuando de verdad libera su potencial. Mis socios y yo coincidimos en que yo debía dejar la operación de la empresa para dedicarme a un puesto nuevo, centrado en el futuro, en lo que queríamos hacer. Me nombraron director del futuro o *Chief Future Officer*. Eso fue motivo de burla en redes sociales y otros lados, pero para mí no había nada de gracioso en el puesto, porque es el más importante de la empresa, el que le va a dar de comer a toda la gente. Con eso en mente arrancó todo este proceso para seguir revolucionando la organización. En ese periodo fue cuando se publicó mi libro *El futuro real estate* y, al contar yo con el tiempo para crear más, para elevar la vara de mi equipo de trabajo, entonces empezaron a caer una serie de reconocimientos: somos la única empresa en Latinoamérica en haber ganado tres veces *The Nationals*, el premio más importante en la industria inmobiliaria, que otorga la NAHB (National Association of Home Builders), en Estados Unidos. Además, allá ganamos ocho premios más por la conceptualización de productos inmobiliarios, entre decenas de premios en otros países.

Con estos seis hitos de mi historia te quiero mostrar cómo ser emprendedor es una lucha constante contra la adversidad, los rechazos, y también estar siempre en la búsqueda de oportunidades y de renovarte para crecer, siempre tomando tu propósito como guía. Es increíble cómo una pesadilla también se puede convertir en parte de una historia de éxito. Todo depende de cómo la veas.

5. ¿Qué es para ti ser emprendedor y cómo se logra?

Emprender es convertirse en el 9% de los héroes que están moviendo este planeta hacia adelante. En números concretos: el 91% del mundo es empleado de alguien más, o no trabaja o está en la escuela. Ese primer porcentaje del mundo es gente que dijo: «Éste es mi sueño, yo voy a ir a perseguirlo». Ésa necesidad de perseguir un sueño es invitar a más gente a que se sume. Es la élite del planeta. Yo voy un poco más allá, como siempre, y a esa definición le sumo que:

> Para ser verdaderamente un emprendedor, tus empleados ya no deben depender de ti, sino deben ser líderes que toman decisiones por sí solos.

Cuando logras eso con tu equipo, y puedes ir a abrir múltiples cadenas de negocios, entonces eres emprendedor.

Lo cierto es que mucha gente se considera emprendedora cuando en realidad son autoempleados. Ellos se van a pasar toda la vida como el hámster, dando vueltas en una ruedita, con la ilusión de libertad. Un ejemplo son los médicos dueños de su clínica, pero en la que también operan. Si mañana se van, el negocio muere.

> Mientras el negocio dependa de ti,
> no es un negocio, sino un autoempleo glorificado.

También existe mucha gente que tiene las ganas de emprender y no lo logra. Emprender no tiene que ver con la edad, ni con el tiempo, ni con el talento. Todo eso son excusas que la gente se dice a sí misma para justificarse y conformarse con el lugar donde están y con las tareas que desempeñan. Lo único que necesitas para emprender es que te queme el estómago del hambre de ir por más. No puedo entender cómo no hay más personas que sientan esa hambre, que no se les despierten esas ganas de emprender.

Otros piensan que no pueden emprender porque les falta consolidar su idea. Error. Hay que romper muchas de las barreras mentales. La gente cree que se va a encontrar una idea millonaria, que con esa idea va a vender miles de millones y, potencialmente, va a cambiar su vida. No es así. Es un mito. Tampoco es de talento. De hecho, lo que me falta de talento como emprendedor, lo compenso con trabajo. Cuando surge una idea, aunque no sea la mejor, la lanzo y me pongo a trabajar en ella y así aprendo. Después vendrán las iteraciones, que son los cambios en las ideas, es decir, sus sucesivos experimentos, pruebas y posteriores mejoras. Lo más importante es arrancar mañana.

También creo que estamos en un momento crucial del comportamiento humano: nos da miedo fracasar, nos da miedo salirnos de la zona de confort por las convenciones sociales, y se ha creado una expectativa social para cada humano. Si fracasas, ¿qué va a decir el mundo de ti? ¡Tú eras la promesa de la familia! Hemos crucificado al fracaso porque creemos que el fracaso es sólo para aquellos perdedores que no les va bien en la vida. Sin embargo, cuando entiendes de verdad el juego, te vas dando cuenta de que:

> La gente más exitosa es la que más fracasa.

Si tú me ves, piensas en mis éxitos: diez libros publicados, dos empresas: una con trescientos colaboradores y la otra con setenta, la primera está en diecinueve países, mis mensajes han traspasado fronteras. Pero si te metieras en mi cabeza, verías que esta semana he fracasado en múltiples proyectos. La gente me percibe como exitoso, pero yo me percibo como un fracasado feliz. Cuando alguien entiende esa diferencia de verdad podrá reprogramar los cables en su cerebro para salir de su zona de confort. Como dije, soy un perdedor feliz, puedo perder todos los días de mi vida y, al día siguiente, me despierto con más ánimo para seguir, para ir por más. La posibilidad de fracasar es lo que muchos no toleran porque la carga social, ya sea de los padres, de los amigos, es una nube negra que no les permite que se liberen. Despeja tu vida de nubarrones y empieza a emprender.

Mi trabajo es potenciar un millón de emprendedores. No me puedo morir hasta lograrlo. Voy por todos, para mí no hay excusas.

6. ¿Cuál es el primer paso (en sentido literal) para ser un emprendedor?

Bien lo dijo Kiyosaki:

> Para ser emprendedor, el primer paso
> es aprender a vender.

Te parecerá extraño, pero en la vida hay cuatro tipos de personas que forman el *cuadrante del flujo del dinero*. Observa el cuadrante.

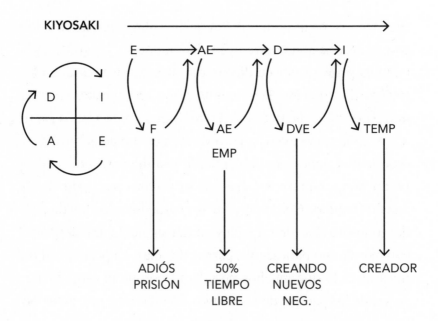

Uno de los tipos son las personas empleadas (E), quienes trabajan para una organización. En el segundo cuadrante están los autoempleados (AE), quienes hacen un trabajo que les permite venderse, pero todavía no tienen una empresa. El tercer tipo son los dueños del negocio (D) y, por último, los inversionistas (I). Éste es el modelo de Kiyosaki que, sin duda, es buen punto de partida.

Lo interesante no es sólo ubicar las categorías, sino entender cuál es la competencia que te permite brincar de un cuadrante al otro, porque por desgracia, lo que aprendes en un cuadrante no te ayuda en el siguiente. En otras palabras, puedes ser empleado diez años con la idea de «ganar experiencia», pero eso no te ha ayudado a avanzar en el recorrido para ser emprendedor. Dicho eso, ¿cuál es el primer paso para dar ese brinco? Para poder dar el primer salto de empleado a autoempleado hay que saber venderse. Esa capacidad es la base que te permite crear los motores que traerán recursos a tu compañía.

El segundo paso, cuando ya eres *freelancer* y quieres fundar tu empresa, es aprender a formar equipos de trabajo correctos.

Al final, para llegar al último cuadrante, de dueño de negocio a inversionista, debes saber cómo convocar capital ajeno. Cómo hacer para trabajar con dinero adicional al propio.

Entonces, ten presente: el primer paso para pasar de empleado a autoempleado es saber venderte. Si eres vendedor, ya diste el primer paso hacia el emprendimiento. Te recomiendo mi programa «Halcones de venta» para que te vuelvas un experto en ventas en la era digital.

7. ¿Cómo hago para encontrar mi siguiente negocio?

Primero te quiero responder algo que no preguntaste —como suelo hacer—. Me topo por lo regular con dos tipos de emprendedores: los que abren un negocio y se quedan estancados y quienes abren uno, luego brincan al siguiente, pero dejan morir al primero. La visión correcta es ir construyendo una cadena de negocios. En esta cadena, los negocios van aportándose valor entre ellos.

Cuando un negocio está encaminado y quedó claro su *market fit*, el reto se vuelve encontrar al líder que lo opere. Los grandes emprendedores no presumen del negocio nuevo que acaban de encontrar, presumen del negocio y el equipo de liderazgo que lo va a llevar adelante. Ahora bien, suponiendo que ya tengas un negocio y que lo opera un líder y gozas de tiempo, ¿cómo encuentras el siguiente?

Más allá de lo técnico, quiero explicarlo con una analogía. Cuando era niño, fui a conocer el rancho de mi tío Trinker, en el sur de Veracruz. Estando en el rancho, mi tío nos preguntó si queríamos ir a la selva, a la verdadera selva. Nos animamos sin saber lo que nos esperaba. Llegar a la selva es peligroso, porque no hay un camino y no sabes qué puedas encontrar. En cualquier momento aparece un riesgo que puede terminar con tu vida. Para recorrer la selva, hay una persona que va frente al grupo y lleva un machete en la mano. Con ese machete va cortando y busca un camino para que todos puedan avanzar. Conforme avanza, pareciera que hay una brecha imaginaria que le dicta hacia dónde debe tirar el siguiente machetazo. De la misma manera, conforme avances con tus negocios, te irá apareciendo ese camino. Tu trabajo es seguir tirando machetazos.

8. ¿Cuál debería ser el objetivo de mi empresa, crecer u obtener utilidades?

Vamos a ver, piensa en un plano con dos ejes: en el eje vertical tienes la utilidad económica, puede ser una utilidad positiva (te ubicas más arriba en el eje vertical) o negativa (más abajo del eje), en el centro está el cero.

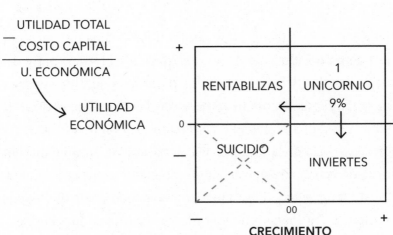

Por otro lado, en el eje horizontal, se ubica la dimensión de crecimiento y en el punto medio del eje se encuentra el doble dígito. Cuando eres una empresa pequeña puedes crecer mucho más, pero conforme creces, sabes que es difícil llegar a un doble dígito todos los años. Por eso, el doble dígito es la gran división del eje horizontal. Así se forman cuatro cuadrantes en donde se cruzan la rentabilidad de la empresa y el crecimiento. Por supuesto, lo natural y lo más sencillo es pensar en ubicarse en el cuadrante superior de la derecha, en donde hay mayor crecimiento y un alto margen de rentabilidad. Muchos creen que sus compañías están en ese cuadrante, pero no es así. Hay un estudio de BAIN & CO que muestra que de 1990 al 2000 sólo el 13% de las compañías se ubicaban allí y del 2001 al 2010 la cifra bajó al 9%.

> Menos de la décima parte de las empresas pueden lograr rentabilidad y crecimiento al mismo tiempo.

Es decir, hay tensión entre rentabilidad y crecimiento, por eso debes decidir cuál de las dos quieres. Si formas parte del 91%, deberás decidir si prefieres pasar al cuadrante superior de la izquierda, en donde rentabilizas la compañía, es decir, le sacas utilidad a costa del crecimiento, o si prefieres invertir y crecer a costa de la utilidad. Eso si pasas al cuadrante inferior de la derecha, para que en algún momento llegue esa utilidad.

Me pasé años en esa tensión y te puedo decir que puede romperse. La manera de lograrlo es a partir de la reconfiguración de tu empresa como una Organización Neuronal de Crecimiento Exponencial. Así que, para ser más claro: debes buscar ambas cosas: crecimiento y utilidades.

9. ¿Tuviste un padre rico y un padre pobre?

Mi padre no fue ninguno de los dos. Más bien, fue el encargado de darme la fortaleza mental para emprender. Siempre me presionó para que jamás trabajara para nadie. Eso se lo debo a él. Una vez que agarré vuelo con mi negocio, me relacioné con gente de mucho poder. Dado que era reconocido como el experto en innovación más importante en el sector inmobiliario en Latinoamérica, conocí a las personas más ricas del continente. Esas interacciones fueron oro puro porque cambiaron mi mentalidad por completo. Y lo más curioso es que conocí a gente muy pendeja y con muchísimo dinero. Fue cuando dije: «Si este güey puede, ¿por qué yo no?». Aunque no creas, cada vez que conozco a alguien menos capaz que yo que ha logrado hacer mucho dinero, me motivo para ir por más.

10. ¿Cuándo decidiste que era el momento de ir por todo en tu empresa?

Hablemos un poco del momento en que mis socios y yo decidimos que la empresa tendría que «explotar». Cuando llegué al ramo inmobiliario en Latinoamérica, se gastaban muchos millones de pesos en proyectos, sin estudios previos; era un caos, se perdieron fortunas por falta de ciencia, de metodología. Mi empresa fue la primera que puso orden, es decir, una metodología. Luego di un gran salto cuando publiqué mi primer libro: *Innovación en desarrollo inmobiliario*. A raíz de los seis libros que publiqué sobre temas inmobiliarios —muy técnicos, hay que decirlo—, me empecé a acercar a la gente más rica de Latinoamérica. Como seguro sabes, todas las familias ricas terminan invirtiendo dinero en el rubro inmobiliario porque tienen tanto que no saben qué hacer con él. Parece ridículo, pero es mucha la gente que primero se enfrenta al problema de la falta de dinero, pero luego, cuando lo tienen, el problema es qué hacer con él. Me veían como el consultor que los asesora en un proyecto de, a veces, miles de millones de pesos. Yo pensaba cuán diferente era mi realidad a la de ellos. Me fui haciendo amigo de muchos y me di cuenta de que había gente más inútil que yo, pero con más dinero y que no lo habían heredado. Lo ganaron. Eso fue una campana durísima en mi cerebro, pero entendí que el juego es fácil: hay que formar una empresa más grande, que crezca, y dará más dinero. Entonces, el juego es quién hace la empresa más grande.

Con lo anterior, llego a tu pregunta: yo creía que quería eso, ir por todo, ser grande, por eso fui con un mentor y le dije que quería una empresa grande, como las personas de dinero. Él me preguntó cuál era mi visión, qué quería lograr. Le dije que quería una empresa internacional. Para mí eso era sinónimo de empresa grande. Me dijo que eso era simple, estábamos en Monterrey, y me sugirió que me fuera a Laredo, la ciudad más cercana de Estados Unidos, donde hay un Holiday Inn Express, que rentara una sala de juntas del hotel y dijera que tenía reuniones de negocios, y que con eso ya estaba, que eso era una empresa internacional. «¡Lo lograste!», me dijo con ironía. Después de ver mi expresión, me dijo: «Si no quieres una empresa internacional, ¿entonces qué quieres?». No sé de dónde saqué el valor para decirle que quería una empresa global con presencia en cuarenta países. Recuerdo que la semana siguiente mandé «tatuar» ese mensaje en la pared de entrada de la empresa: cuarenta países para 2025. Habíamos creado el BHAG (Big Hairy Audacious Goal). Esa meta se convirtió en la luz de inspiración al final del túnel.

Te contrasto esta anécdota con lo que sucedió a fin de año en la reunión de Grupo 4S, mi primera empresa, en la que ya no trabajo, pero de la que sigo siendo socio y ahora se llama

4S Real Estate. Cuando entré al salón, anunciaron que el director general, mi socio, iba a dar un discurso. Empezó a hablar en portugués y les dijo: «Equipo, familia, este año 2020, vamos a ir por Brasil». Debo admitir que, con emoción, me di cuenta de que había creado un sueño tan grande que había inspirado un grupo de gente extraordinaria. Esa gente lo que quiere es seguir creciendo. Hoy estamos en diecinueve países, pero ellos siguen viendo la meta de los cuarenta países, ya sin que yo esté en la oficina.

Claro que, si tu meta es montar una empresa buena, para comprarte un BMW, eso no tiene mucho sentido. Hay que ponerse una meta, saber por qué lo estás haciendo y la meta a la que debe aspirar la empresa. Debe ser algo que puedas contagiar a tu equipo de trabajo. Hay que ponerle un título concreto a la meta, hacerla real. El problema es que la gente evita que la meta sea tangible; queremos que nos vaya bien, queremos hacer esto o lo otro. Sin embargo, hay que fijar un número concreto. Seguro que, si el número formara parte de tu *employee value proposition* (EVP), tendrías más prospectos de empleados de los que podrías contratar y, cuando sucede eso, empiezas a contratar mejor. La razón por la cual a mí me va tan bien en los negocios es porque yo veo a mi empresa como un equipo de alto rendimiento: de cada cien personas que aplican a mi empresa, entra uno. Elijo al mejor. Piensa cuál puede ser tu EVP extraordinaria y ve por todo con tu equipo.

En i11, mi nueva empresa, de origen arrancamos con una meta grosera: potenciar a un millón de emprendedores. Y vamos bien.

11. ¿Por qué dices que crecer cuesta?

Cuando hablo de crecimiento siempre inicio con esa frase. Crecer cue$ta. De hecho, utilizo el símbolo de $ en lugar de la «s» en mis presentaciones. Y es que tenemos la falsa noción de que la empresa debe ir creciendo por arte de magia o, como dicen ustedes, por recomendaciones. Nada más falso que eso.

> Si de verdad quieres crecer, necesitas invertir en recursos de adquisición de clientes.

¿Cuáles? Marketing, publicidad, comisiones, sueldos de vendedores, gastos, eventos, viáticos, *merchandising*, cualquier gasto comercial entra en esa categoría. Ésas son las partidas dentro del costo de adquisición de clientes (CAC). Y claro, gastar duele, cuesta.

Para calcular el CAC debes dividir todos tus gastos comerciales entre el ingreso que lograste. Cuando digo todos los gastos comerciales me refiero, tal cual, a todos: el asistente que contesta el teléfono, el sueldo de los vendedores, las pautas publicitarias, la agencia de marketing, un evento de *networking* aunque no hayas logrado amarrar ningún cliente. Entran todos los gastos, los útiles y los inútiles.

Uno de los retos más importantes de una organización naciente es generar una verdadera utilidad por cliente después de haber restado los costos generales y los de adquisición de clientes. Si ya lograste esta parte de la fórmula, entonces, si inviertes más, vendrán más clientes. Quiere decir que entraste en un círculo virtuoso de reinversión. Más inversión en adquisición de clientes significará más clientes y después más utilidad.

Conforme avanzas en este mundo de los negocios
verás que el reto más grande es mantener
los mismos costos de adquisición de clientes
mientras la organización se hace más grande.

Ése es un enorme supuesto.

Voy a añadir otra pregunta a la tuya porque creo que van de la mano: Carlos, ¿en qué invierto? No te voy a decir en qué invertir, pero sí cómo abordar el tema. La competencia más importante en el mundo de los negocios hoy es la capacidad de experimentar. Tus equipos comerciales deben generar experimentos baratos para probar esos recursos promocionales que quieres adquirir y luego medirlos. Si funcionan, ya encontraste la veta de oro. Yo sólo invierto en publicidad digital porque puedo medirla. Lo que no puedo medir me causa conflicto. Pero de nuevo, no te quiero decir en qué inviertas, sólo que sigas experimentando hasta que encuentres la serie de recursos que funcione con tu negocio.

12. Entiendo las cadenas de negocio, pero sigo sin encontrar mi primer eslabón. ¿Qué debería buscar en ese primer negocio?

Es imposible que te diga ahora mismo qué negocio debes crear, pues eso requiere de una reflexión más profunda. Sin embargo, puedo darte un modelo que te ayude a catalogar negocios.

Vamos a analizar los negocios con dos ejes. Por un lado, ¿estás aprendiendo cosas nuevas en ese negocio? El «sí» se ubica en el cuadrante superior izquierdo y el «no», en el cuadrante inferior izquierdo. Después, tienes el cuadrante que indica si generas relaciones nuevas con personas estratégicas importantes. El «sí» se ubica en el cuadrante superior derecho y, el «no», en el cuadrante inferior derecho.

Con esta matriz se forman cuatro cuadrantes fundamentales para entender qué tipo de negocio tienes. Por ejemplo, si en un negocio no aprendes nada nuevo y tampoco conoces gente nueva (cuadrante inferior de la izquierda), no vale la pena, será una prisión. Un ejemplo de esto son los trabajos rutinarios, con poca responsabilidad y autonomía, o un puesto de tacos en una esquina: no vas a aprender muchas cosas y tampoco te va a llevar a conseguir relaciones estratégicas porque estás en una esquina. No digo que esas relaciones sean malas, al contrario, son muy buenas para hacer amistades, pero no te van a llevar más adelante. Ojo con esto: el primer negocio que no es el correcto.

Por otro lado, hay negocios en los que generas relaciones, pero no aprendes nada (cuadrante inferior de la derecha). Puede ser una distribuidora que le vende a gente de muy buena posición, pero quien lo hace no está aprendiendo nada, por ejemplo, cualquier venta *premium*, es decir, alguien que vende aviones genera relaciones, pero no está incorporando competencias técnicas reales como para de ahí dar un salto al siguiente negocio, por eso, tampoco me gusta como plataforma despegue.

En el tercer cuadrante (el superior izquierdo) no hay relaciones, pero sí aprendizaje. A éste yo lo llamo el de la «rata de laboratorio». Puede ser alguien que está aprendiendo mucho y avanza, sin embargo, no construye relaciones. El clásico ejemplo es el de los subcontratistas: no construyen músculo ni competencia para venderse, por lo tanto, tampoco me gusta.

Entonces sí, llegamos al verdadero cuadrante que va a hacer que despegue tu vida, el de los «cohetes»:

> Los negocios en los que aprendes todo
> y, además, siempre estás generando relaciones
> nuevas y construyendo músculo para seguir
> hacia adelante.

Estos cohetes son los negocios que detonan cadenas espectaculares. Un ejemplo son los negocios de consultoría, agencias digitales, desarrollo tecnológico, todo lo relacionado con casas de *software*, casas creativas. Estos cohetes son grandes oportunidades para el despegue de una cadena.

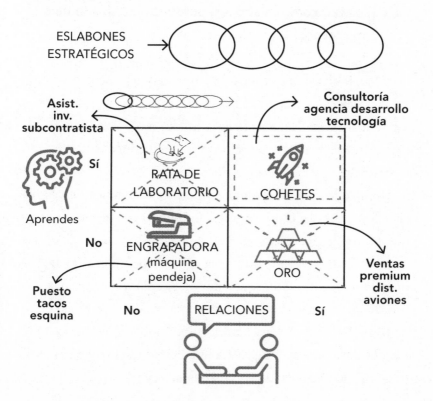

No es que ése sea el negocio con el que te vas a quedar, sino el que va a detonar la cadena de negocios. Cuando de verdad tienes un eslabón estratégico en el origen, el despegue es diferente a cuando te metes en otro negocio que no te va a llevar a nada.

13. ¿La cadena de eslabones aplica a cualquier negocio que uno tenga? Por ejemplo, mi negocio principal es una imprenta. Empecé con lo más sencillo, tarjetas y volantes y, conforme las personas decían «Oye, necesito esto», yo respondía: «Sí, también lo hago». Y así comencé a crecer. Ahora ya empapelo vehículos. Por eso, tengo la duda: no los veo como eslabones, porque sigue siendo bajo el mismo techo.

Primero, los eslabones funcionan en cualquier negocio. Lo que suele pasar es que la gente tiene, no sé, cuatro negocios, pero los cuatro están desconectados uno del otro. Más bien, deberían ponerse a trabajar en enlazar el valor de un negocio con el siguiente.

Con respecto a tu negocio, empezaste con papel y luego hiciste lona, por decir un ejemplo, ahí habría otro eslabón. Aunque lo que hagas se encuentre bajo el mismo techo, deberías analizar cada servicio como eslabón independiente. Deberías hacerlo de ese modo porque cuando tú sólo mides los resultados de la cadena completa, tienes una visión parcial del éxito de tu negocio. También es importante porque de esta manera puedes darle un eslabón a cada líder y exigirle resultados puntuales a cada uno, el famoso *accountability*.

Por ejemplo, aquí van números reales de mi empresa, 4S Real Estate. De 2017 a 2018 logramos un 20% de crecimiento. Sin embargo, hay que analizar en detalle los eslabones de la cadena, las unidades de negocio. Resulta que un negocio, de los trece que teníamos en ese entonces, creció 45%, pero en otro de los negocios caímos 17%. Yo no me había dado cuenta durante el año, porque mi operación era pensar en qué futuras unidades de negocios podríamos abrir. Sin embargo, fue al final del año cuando recapitulé, y en ese momento dije: «¿Qué pasó con ese negocio, si ese negocio era bueno? ¿Por qué se echó a perder?». Si yo no hiciera el análisis por eslabón, no podría crecer en cada eslabón.

En tu caso, cada servicio es un eslabón diferente: la imprenta de papel es una, la de vinilo es otra, la bordadora es otra cosa. Y necesitas el análisis independiente de cada unidad. Para algunas empresas, los eslabones van a representar empresas diferentes, y hasta un equipo y oficinas diferentes. Para otros, será la misma oficina. También, en tu caso, se ve muy claro cómo un negocio sí agrega valor al otro, porque el primer negocio, la imprenta, trajo al cliente, y luego le vendiste cuatro cosas más. ¿Te fijas cómo valoran el encadenamiento? Es decir, el valor del cliente, el *lifetime costumer value*, aumenta todos los años. Está claro que le estás sacando más dinero a cada cliente. Pero la pregunta que deberías hacerte es qué eslabón te conviene y cuál no. Quizás haya algunos que deberías abandonar porque no valen la pena. Por lo general, pasa que subsidiamos ciertos eslabones de la cadena que ya no deberían ir ahí y se vuelven eternos. Comienza a analizar los eslabones por separado y verás cuáles permiten que tu cadena crezca y cuáles pueden llegar a ahorcar a tu empresa si los sigues subsidiando.

14. ¿Cómo debería ser el manejo del dinero en una *startup*? ¿Tengo que invertir en oficinas lujosas para arrancar con el pie derecho?

Me gusta tu pregunta porque es importantísimo entender el dinero al inicio de una organización. No sé si tengas inversionistas o lo estés trabajando todo por capital propio, pero déjame ayudarte con algunas ideas al respecto.

Cuando un bebé tiene menos de dos años, ¿qué nos debe preocupar? Como me dijo alguien en un curso: «Que coma y cague». Sí, con que tenga alimento vamos de gane. Así sucede en las *startups*, lo importante es concentrarnos en los ingresos y que estos aumenten todas las semanas.

Por lo mismo, deberíamos maximizar las posibilidades de crecimiento con los pocos recursos que tengamos. En otras palabras, hay que cuidar el flujo al máximo: no hay sueldos para los fundadores, no hay gastos, ni algo extraordinario, todo lo mantienes al mínimo posible. La idea es invertir todo en crecimiento.

Cuando fundé mi segunda empresa, la diferencia con la primera fue abismal. Las oficinas de la primera están en un edificio corporativo AAA, con mobiliario de diseñador, todo perfecto; pero, en la segunda, estábamos en una casa vieja en la que no servían los baños, teníamos una fuga de agua, era modo *startup*. Cuando estás en eso, debes ahorrar todo lo que puedas: faltaban sillas, para que entiendas. En los comentarios de mis videos recibía críticas por eso, pero la nueva empresa debía funcionar con su flujo. Y no me interesaba que me cuestionasen, porque yo sé cómo hacer crecer las empresas. Mi nueva empresa es independiente a la otra y debe generar sus propios recursos. Si estás apenas arrancando, vas a ahorrar cada centavo porque cada uno se tiene que reinvertir para pagar el crecimiento —adquisición de clientes y estructura— de mañana.

A los seis meses de operación, yo ya tenía veinticuatro colaboradores. Llegar al mismo número en la primera me tomó mucho más tiempo. Mi estructura de ventas en la segunda se hallaba muy por encima de las necesidades que tenía en ese entonces, pues era como si viviera el cuarto año de la empresa. Estaba mucho más adelantado en ventas porque en la operación tenía un montón de problemas internos, no estábamos muy bien estructurados. Sin embargo, no importaba porque la venta debe ir antes de la operación.

> Ésta es una lección importante, por favor, debes grabártela a fuego: siempre, ventas primero, operación después.

Debes tener más prospectos de los que puedas atender y más empleados de los que puedas contratar. Ése es el juego. Y ahorrar cada centavo para meterlo a ese crecimiento. Dicho lo anterior, ¿crees que necesitas oficinas lujosas?

15. Siempre he tenido la idea de montar un negocio de consultoría. ¿Un joven puede iniciar un negocio? ¿Por qué se irían conmigo? ¿Cómo empiezo?

¿Cuál es la ventaja de un joven sobre un anciano? Las ideas nuevas. Entonces, ¿qué es lo que podrías dar como consultor joven? Valores y tecnología nuevos. Todo lo que hoy ya se cristalizó en el mercado pasó, ya es presente y pasado. Recibo cientos de mensajes de jóvenes diciendo que es imposible competir contra los experimentados porque buscan vender pasado. Nadie es mejor en vender pasado que quien ya lo vivió. Si eres joven y quieres vender talento debes aprender a vender futuro. De hecho, suelo decir que:

> Las grandes oportunidades vienen de juntar
> una nueva solución técnica del futuro con
> un problema conocido.

Esas intersecciones son las que generan los chispazos que crean grandes negocios.

Debes mirar hacia el futuro a ver qué cosas suenan interesantes para que los negocios las quieran incorporar. Tráelas del futuro en un momento en que nadie lo entienda y lo vas a presentar a clientes que van a decir: «¿Qué le pasa este loco?». Pero, conforme avance el tiempo, ya te habrás colocado como el primero de la ola, así que serás también el primero en surfear sobre ella. Piensa en qué viene en los próximos diez años, no sé, a lo mejor sea *blockchain* aplicado a tecnologías, viene ciberseguridad aplicada con otra cosa, pero va a ser algo que hoy de seguro se escucha aberrante.

Ten mucho cuidado porque si escoges y le apuestas el caballo equivocado, te esperan dos años de tragar mierda. Haz tu investigación y escoge tu caballo y no te despegues de él, no te desesperes, ten paciencia, aunque como joven eso sea una contradicción.

16. Si voy iniciando, ¿debo posicionar a mi empresa o a mi marca personal?

Hoy en día se trata mucho más de posicionar una marca personal que un logotipo. El pulso emocional de los contenidos en donde aparece la cara de una persona es mucho más atractivo para la gente y, por lo tanto, más barato de posicionar. Dicho eso, la respuesta concreta es que debes hacer con tu marca personal lo mismo que con tu marca de empresa.

> Primero define cuál es tu filosofía de vida,
> luego cuál es tu experiencia de marca y,
> por último, cuál es tu comunidad.

Si pones atención a mi marca personal, todo lo que digo sobre filosofía de vida está conectado con mis historias: de mis sacos, de la bruja y por qué no veo a la cámara, la del vestido de novia que me contó un cliente. Historias. Y esas van hablando de una filosofía. Si eso lo bajas, empiezas a delinear cuál es la experiencia marca. En mi caso, no sucede tanto en los eventos, sucede cuando se encuentran conmigo en el aeropuerto, en la calle. Justo el otro día llegué a una conferencia y un carro se detuvo junto a mí, una persona bajó la ventanilla y se asomó alguien que me gritó: «¡Aún no soy quien voy a llegar a ser!». La experiencia de marca es: «Me topé con Carlos en el aeropuerto y me preguntó cosas con mucho interés». Entonces, imagina el peso que tiene eso. Pero lo debes vivir de manera auténtica. Deja que te agarren cien personas en un aeropuerto y trata de salir, ahí es cuando realmente se ve si quieres ayudar a emprendedores o no.

Por eso hay que ser muy congruentes con lo que quieres proyectar porque eso al final de cuentas va a tener un peso. Las historias en Instagram son las experiencias de marca que más jalan. Estoy sorprendido de la atracción que tienen las historias. Piensa qué historia quieres contar y sé congruente con ella.

17. ¿Cómo identifico mi segmento de mercado para saber qué contenido generar?

Primero, entiende que vives en un mundo diferente. Antes, la gente pensaba que debía identificar cuál era su segmento de mercado, de clientes. Por ejemplo, segmentaban por edad, clase social y otras características. Pero ése es el pasado. Hoy todos tienen voz, dicen qué les gusta y comienzan a conectar entre ellos. Comienzan a formar comunidades, a reunirse, y ellos solos empiezan a darle forma a la tribu. Cuando uno entrega un producto para la tribu, ellos mismos se encargan de publicitarlo, ellos comunican. La tribu, en realidad, más que un fenómeno de grupo específico, es un fenómeno que reúne a la gente en los medios digitales. La gente hoy se quiere juntar (aunque sea en el mundo digital). Ahí están las nuevas oportunidades de marketing: en que seas tú quien los reúna.

Piensa a quién representa tu marca, a quiénes quieres juntar. Eso es lo que te debes responder y, cuando tengas a todos juntos, ya sabrás qué decirles. Todos queremos ser parte de un grupo de algo. El problema es crear ese grupo que quiera estar contigo, tu tribu. Por eso, si te fijas bien, todos los *influencers* bautizan a su tribu, le dan forma. Lo segundo que debes hacer es generar contenido para tu tribu sin venderles: la gente no quiere que le vendas porque odiamos que nos vendan. Define quién es tu grupo, genera contenido interesante para ellos y recién entonces, comienza a venderles, pero toma en cuenta que cada vez que les vendes, los lastimas. Sin embargo, el contenido los edifica.

Para generar contenido que les llegue a estas tribus, debes basarte en dos cuestiones: la primera es el *social listening*, que se refiere a la capacidad de ver en los medios digitales qué es lo que está pasando, dónde está el grupo y de qué están opinando; la segunda son los famosos *influencers*, personas que ya se posicionaron como líderes de grupos y esta gente es la que hay que estudiar y con la que hay que trabajar para posicionarse. En el presente de las tribus, el *social listening* y los *influencers* se vuelven claves en la estrategia para trabajar con el mercado de las comunidades digitales. Sin embargo, sigues pensando cuál es tu segmento de mercado. Te quedaste veinte años atrás. Es un modelo obsoleto. El trabajo es identificar cuáles son las tribus y cuáles son los *influencers* que trabajan más fuerte en esas tribus. El primer paso de tu organización es entender, conquistar y trabajar el mundo de las tribus hoy a partir de la generación de contenido que responda a lo que buscan y, más importante, cómo lo buscan: podcast, cita, blog, videos.

Es difícil saber qué video tendrá un mayor número de reproducciones. El proceso normal de las empresas hoy es producir un video, se lo pasan al área de marketing, allí lo corrigen y lo publican. En cambio, nosotros, en Instituto 11, seguimos una regla: nadie del equipo puede opinar de una pieza de contenido porque el único que tiene derecho de hacerlo es el mercado. Tú puedes decir si una pieza es fea, pero si resulta dar mejor resultado, te callas. Te pongo un ejemplo concreto: vendíamos el curso «Halcones de ventas 2» con un video en específico, que se llamaba «Halcones de ventas 2» y a alguien de mi equipo se le ocurrió cambiarle el título a «Atención Guadalajara» y con esa simple modificación provocó que vendiera el triple. Todo cambia. A diferencia del pasado, cuando se transmitía un anuncio en la tele, el mismo para todos, ahora puedes usar un *dark post*, le inviertes cinco dólares y experimentas con micropautas.

> Ése es el trabajo del vendedor del presente:
> ser un microexperimentador.

Quiero que entiendas que lo peor es tomar decisiones sobre lo que la gente quiere en una sala de juntas. Se publica un video con poca pauta y, si esa pauta demuestra productividad, entonces el video gustó. El mercado es quien opina, se acabó la época en la que un ejecutivo decidía lo que el público quería ver.

Para mover mi canal tenemos alrededor de mil quinientas pautas activas. Así que, tú en mis redes sociales sólo ves videos virales y de valor, todo lo demás es *retargeting* de tres tipos: el primero es *social proof*, que es otra gente hablando de mí; el segundo es sobre discursos de venta en los que explico por qué somos diferentes; y, en el tercero, videos de alrededor de un minuto, con los que te incentivo a la compra. La fuerza de ventas del futuro parte de un líder repartiendo el presupuesto de publicidad entre sus vendedores y que cada uno experimente con su contenido y las micropautas para formar su tribu. Pero para eso necesitan saber pautar, necesitan saber manejar el Ads Manager, necesitan saber encauzarlo. Las personas de ventas hoy hacen sus propios resultados y deben actualizarse todo el tiempo.

18. ¿Cómo le hiciste para llevar tu empresa fuera de México?

Para globalizarte debes cambiar tu cableado mental. Estamos programados como seres lineales y locales, por eso nos cuesta pensar que podemos estar en todo el mundo. Déjame te cuento cómo fue que, de iniciar en México, hoy estamos en camino a abrir oficinas en cuarenta países.

Cuando yo propuse internacionalizarnos, hicimos experimentos en tres lugares diferentes. No pudimos por muchos motivos. De repente, de rebote, nos invitaron a Guatemala. No era nuestro plan original. Me acuerdo que fue un 22 de diciembre, y que estando ahí, pensé: «¿Qué chingados hago en Guatemala?». Di una plática a una asociación guatemalteca para unas treinta o cuarenta personas y regresé a México con diez proyectos amarrados. Uno de ellos era el de un tipo que trabajaba en El Salvador. Eso me llevó a El Salvador. Llegué allá y cerré tres proyectos. Uno de los clientes tenía un proyecto en Costa Rica y en Costa Rica había otro con un proyecto en Panamá. De ahí pasamos a Colombia, luego a Perú y después a Chile. Toda esa cadena de negocios fue producto de un experimento que fuimos a hacer a Guatemala. El emprendedor del futuro experimenta sin saber qué mercado lo aceptará.

En tu caso puede ser Europa. No sabes. Insisto: experimentos, experimentos, experimentos, experimentos. Y, ¿cuál es el país? ¿Cuál es la geografía? No sé. Síguele jugando.

> La pregunta es: ¿cuánto de tu tiempo está dedicado al mañana?

Ésa es la pregunta de fondo. El trabajo del fundador y director general es siempre abrir la cancha del mañana. Más negocios, más geografías.

19. Quiero empezar mi negocio de servicios, pero me falta dinero para arrancar. ¿Cómo le hago?

Primero acepta que el «me falta dinero» es la excusa más típica para no empezar un negocio, y que es la más barata y falsa, más aún en las empresas de servicios. ¿Qué es lo que vale hoy en el mercado? ¡El talento, chingado! Estamos en un juego de talento y para levantar una empresa de consultoría lo que necesitas es mucho talento dentro de la misma, no dinero. Si empiezas solo, no eres una empresa. Tienes que desarrollar un *set*, un grupo de consultores, que sean socios tuyos, no empleados, y que formen la base de talento, que es la que irás a vender. Una oficina es lo menos importante. Arranca así, sin instalaciones, no las necesitas. Entonces, yo te diría que te armes de talento antes de pensar en nada más, con eso tienes para arrancar.

Lo difícil en casi todos los servicios es conseguir al cliente. La ejecución viene luego, y claro tienes que ser de calidad y de lujo, pero el verdadero reto es vender. Y para vender necesitas tener un buen producto y, te repito:

> Tu producto es el talento que tengas
> en tu empresa.

Y mucho cuidado con cómo te dices las cosas, siempre va a haber peros, pero muchos son convencionalismos u opiniones solamente, identifícalos y luego mándalos a la chingada.

20. Si voy arrancando, ¿cómo consigo diferenciarme y ganarle a la competencia? ¿Cómo logro la diferenciación de mi negocio?

¿Qué diferenciación hay en tus paneles solares? ¡Cero! Vendes energía, la energía no la puedo diferenciar, tu energía no es mejor que la de tu competidor, los dos venden la misma. Si los dos venden la misma energía, entonces ¿cuál es la única forma de medirlo? Creo que hay que reformular el negocio. Y hay que reformularlo desde la perspectiva del cliente.

Pensemos en por qué las empresas comprarían energía. ¿Por qué lo harían a través de paneles solares? Porque quieren ser verdes, por deducciones de impuestos, porque están comprando a un precio fijo, vamos a pensar que son estos tres. Cuando tú creas una empresa alrededor de un producto. «Vendo paneles solares», y te rechazan:

> Tú piensas que el problema es el vendedor,
> no el producto, pero eres tú porque estás
> moviendo la empresa en función de un producto.
> Y debe ser al revés.

61

Busca el modelo de diferenciación del que hablo y cálzalo con lo que seguiré contando.

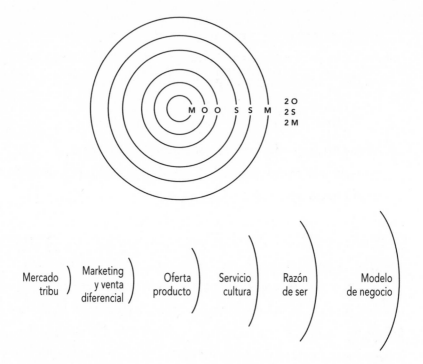

Quiero que repensemos tu empresa en función de un benefi-cio. Si miramos desde el ángulo del problema y el beneficio, ¿cuál es el problema que tienen las empresas? Es de sustentabi-lidad, de ahorro de impuestos y de costos. Piensa en cuál de los tres problemas te quieres enfocar, porque no puedes ser un «todólogo». Supongamos que te decides por sustentabilidad. Ten en cuenta que esto es a modo de ejercicio, pero en realidad, esta decisión que acabamos de tomar aquí, no se debería tomar en una sala de juntas, se debería tomar con un estudio de mer-cado, del público, de los clientes. Yo diría que deberías hacer quince entrevistas y preguntarles cuál de estos valores es más importante al momento de decidir comprar un panel solar. Pero vamos a suponer, para el ejercicio, que dices que sustentabilidad es lo más importante. Crearía una compañía alrededor del beneficio. «Nosotros creamos soluciones de sustentabilidad para la industria». ¿Qué sería una solución de sustentabilidad para la industria? Ni me digas las palabras *paneles solares* porque me van a salir canas en la barba y la vas a ver blanca. Pensemos en energías renovables. Sería repensar tus fuentes de energía por fuentes de energía renovables. Si te anclas en el beneficio hay muchísimas soluciones, de las cuales, una pequeña, una parte de la solución de las energías renovables, una parte es la proveeduría de paneles solares. Sin embargo, tú crees que el problema es que no encuentras vendedores.

> ¡Por favor, ya no hagan empresas
> alrededor de productos!
> No sirven para nada.

En cambio, si tu empresa es de sustentabilidad, hoy vendes paneles solares, mañana a la mejor será otra cosa. Mañana tal vez sea generar la energía de los pasos de la gente en la planta. Como estoy en el rubro inmobiliario, me ofrecieron un piso en el que caminas y va captando la energía, ¡pisos que captan energía! Entonces, imagínate que le ofreces a una empresa que ponga ese piso a toda la planta. ¿Cuántos pasos dan en una planta? Imagínate el ahorro que sería para la empresa. Ésas son las cosas que las empresas tienen en cuenta.

Por eso, quiero que seas *cutting edge* y quiero que seas activista social. Ésas son las dos atribuciones más importantes hoy en una marca. *Cutting edge* significa que seas el que va más adelante en el mercado. Los paneles solares ya quedaron en el pasado como negocio. El que se llevó un dinero de ahí lo hizo hace diez años. Hoy el negocio no está ahí. No sé en qué está, porque no soy experto en energías renovables, pero yo sé que ahí no está. El negocio está en otra cosa. Pero nos da pereza ser el *cutting edge*, ser el que está abriendo mercado, abriendo la brecha.

Mentalidad

21. ¿Cómo encuentro mi pasión?

Te estás haciendo la pregunta equivocada. La pasión no se encuentra, se construye. Cuando me hacen esta pregunta, me canso de responder que nadie va a llegar mañana a decirles cuál es su pasión, y por desgracia, ésa es la pinche historia que nos han vendido.

> La verdadera pregunta es:
> ¿cómo construyo mi pasión?

La mejor respuesta que te puedo dar es: primero encuentra tu propósito. Sé que a veces utilizamos pasión y propósito como sinónimos, pero no lo son. El propósito lo encuentras preguntándote y, sobre todo, respondiendo de manera honesta, a la pregunta: «¿Qué impacto quiero tener para (tu audiencia) en mi vida?». Una vez que te respondas esto, entonces sí, empieza a construir la pasión alrededor de ese propósito. Cuando recorras tu camino inundado de propósito, vas a entender que la pasión se construye todos los días.

Hay dos ideas muy importantes alrededor del tema del propósito:

1. No tienes un sólo propósito en la vida, son varios. Cuando hables de propósito, piensa en un conjunto. Te vas a dar cuenta conforme avances en tu recorrido que los vas a ir encontrando.
2. Tu propósito puede y va a cambiar con el tiempo porque vas a ir creciendo, porque vas a ir cambiando y te vas a ir enamorando de ese cambio.

Durante el recorrido, en cada detalle, cada segundo, cada paso que des, deberá ir implícito ese propósito, para que al final puedas volver atrás y darte cuenta de que eso que tanto buscaste en realidad lo fuiste construyendo al crecer. Ojalá que hoy dejes de esperar que tu pasión te llegue y empieces a construirla.

22. ¿En dónde está la felicidad?

El mundo está lleno de oportunidades. A donde volteo, veo oportunidades. Lo que no veo es que las personas tengan combustible. Algunos lo llaman «hambre», otros «ambición». Es ese combustible el que te hace querer ir por más. Es lo que nos hace falta para ser felices. Queremos ponerle un precio o un punto de llegada a la felicidad, pero no entendemos que es un camino, no es un destino.

Para mí, la felicidad es crecimiento. Si de ayer a hoy creciste intelectual, deportiva, espiritual y personalmente, eso es éxito, eso es caminar hacia la felicidad. Pero si mañana te detienes, dejas de crecer, entonces, se acaba.

Asociamos mucho la felicidad con dinero, pero no entendemos que las grandes cantidades de dinero llegan a la gente que es constante, que empieza en cero y siempre quiere seguir creciendo. Siempre le pide más a su cerebro, siempre va a aprender otra cosa más, siempre sigue, sigue y sigue.

No hay una meta, en el seguir está el secreto.

Si tienes una gran empresa, con muchos empleados, con muchos ingresos, pero sigues siendo la misma persona, sin cambiar, sin crecer, entonces nunca serás feliz.

23. ¿Cuál es la fórmula del éxito en los negocios?

Para mí, el éxito en los negocios es la suma de cuatro factores diferentes.

El primero es el IQ (*intelligence quotient*), porque necesitas algo de inteligencia para entender cuál es la idea importante, la innovación que propones y la diferenciación que estás logrando en el mercado. Debes ser un geniecito en alguna cosa diferente, que sorprenda. Muchos emprendedores me llegan con ideas mediocres que no van a trascender en el mercado. Si no tienes este IQ inicial no vas a dar el salto necesario para crecer.

El siguiente ingrediente del éxito es el PQ (*persistence quotient*). Se refiere a cuánto puedes tolerar el fracaso, cuánto el sufrimiento, cuántas veces puedes tolerar que te cierren las puertas. Habla de paciencia, de largo plazo, de tener el telescopio para ver hacia dónde vas, sea cual sea el camino.

Aunque yo creo que tenía mucho IQ al inicio, fracasé en muchas empresas, con otro socio que tenía el mismo IQ y no lográbamos resultados. Fue hasta que llegó mi socio Francisco que encontramos la fórmula, porque él es persistente y siempre me decía una frase: «No importa que nos dejen en la sala de espera, vamos a ver a tres personas por día». Esa persistencia es la que muchas veces le hace falta a la gente que tiene el IQ elevado, porque esa gente cree que lo sabe todo. La paciencia, la persistencia, ese enfoque resiliente a veces no lo tiene la misma persona.

Cuando tu negocio ya va en marcha, el problema se vuelve que después debes hacerlo crecer y para eso necesitas un equipo de trabajo. Ese equipo de trabajo implica la capacidad de liderar, de entregar tu trabajo a otras personas y delegarles. Confiar en ellos. Esa confianza de construir equipos es lo que yo llamo el EQ (*emotional quotient*), para poder manejar esa red de relaciones.

Si conseguiste un equipo y tu organización crece a una escala importante, ya sólo te falta el último paso, el FQ (*financial quotient*), la capacidad para entender, dimensionar y perder el miedo a los grandes capitales. Esto tiene que ver con apalancamiento y con convocar inversión. En el momento en que entiendes eso, entonces puedes utilizar el dinero para amplificar tu equipo. Muchos me consultan porque quieren iniciar un negocio pero que según ellos no pueden porque no tienen inversión. La inversión viene mucho más adelante, la inversión lo que hace es amplificar a un equipo.

La combinación de estos cuatro ingredientes te va a llevar al éxito en los negocios que estás buscando. Si te faltan estos ingredientes, hazte de un grupo de socios, crea las herramientas, encuentra las personas correctas para poder sumar las cuatro piezas, porque si una de ellas no está, probablemente seguirás atorado en el camino.

24. ¿Cómo sé si tengo madera o ADN de emprendedor?

Después de escuchar miles de mensajes de emprendedores acerca de sus fracasos, sus éxitos, sus dudas y sus miedos, me ha quedado claro cuál es el código genético del emprendedor. Puedes analizarte a la luz de estos cuatro genes que son la base fundamental de ese ADN.

El primero es el de la sabiduría. Debes entender que en este juego del emprendimiento se necesita el aprendizaje infinito, es decir, debes estar aprendiendo siempre algo nuevo y todo el tiempo cambiando y mejorando ese aprendizaje. Si lo que haces hoy no te permite aprender algo nuevo, déjalo. Es la única forma de crecer.

El segundo gen es el de la acción. Cuando tienes la idea lista, debes empezar a ejecutar y a probarla. No importa si el resultado es perfecto, lo que importa es trabajar, empujar la operación de la organización.

El tercero es el de la percepción. Se refiere a cómo ves aquello que te pasa. Cómo ves el mundo que está a tu alrededor, con qué lentes lo ves. El emprendedor, de entrada, cuenta con una lente muy específica de optimismo con la cual ve la realidad, una que no todos pueden ver.

El cuarto gen es el de la voluntad, de la resiliencia. Es el que te dice qué hacer cuando fracasas y cómo levantarte cuando estás en tu momento más débil, el que te obliga a ver la luz en el punto más oscuro de la noche.

Cuatro genes nada más. Si uno de estos falla, el emprendedor empieza a sufrir, a fracasar, se queda corto en sus metas. Cuando los genes están en su lugar, sólidos, los resultados y el éxito llegan en automático y ocurre ese crecimiento obsceno y desmedido que me encanta ver en un emprendedor.

Si puedes analizarte, ver tu interior y encontrar que estos cuatro genes son parte de ti, puedes estar seguro de que naciste para ser emprendedor. Sin duda debes seguir desarrollándolos, pero es muy importante que estén ahí.

25. ¿Qué estilo de líder debo ser? ¿Qué hace un gran líder?

Lo que te voy a decir te hará ver el liderazgo con otros ojos.

Hay seis contradicciones críticas en las que se mueve todo gran líder:

1. El líder debe ser dominante, al punto de parecer militar. Debe exigir y dar órdenes, pero, a la vez, tener la posibilidad de entregar completamente la autoridad y ser un líder *light*, es decir, dejar el control total en su gente. En esta contradicción lo interesante es que el líder debe saber cuándo cambiar de casco.

2. El líder debe ser humilde, tanto como para escuchar lo que su equipo le proponga, pero también firme para saber cuándo su opinión es la que debe mover al grupo adelante.

3. El líder debe tener la capacidad de hacer *micromanagement* para meterse en los detalles imprescindibles, pero después desviar la mirada y retirarse por completo de la ecuación para que el equipo haga todo. (Mi equipo sabe de esto porque a veces entro en detalles minúsculos cuando veo que hay valor pero, de pronto, también me alejo). Steve Jobs era conocido por sus capacidades de involucrarse en detalles.

4. El líder debe saber armar y cuidar a su equipo. Al mismo tiempo que debe ser capaz de retener a su gente, también tiene que evitar perder tiempo con algunos: los cuida o los corre.

5. El líder debe entender la diferencia entre *accountability* y *empowerment*. Esto significa que el líder va a medir la labor de su equipo, incluso el tiempo destinado a una tarea específica, escribirá reportes de todo y, por el contrario, podría no supervisar y darle a su equipo la libertad absoluta de hacer y deshacer. (Quienes conocen mi empresa saben que, así como medimos algunas de las gerencias, también dejo de lado la supervisión cuando trabajo con mis socios. Ellos saben lo que están haciendo, hay un *empowerment* absoluto).

6. El líder debe ser un as de la planeación e improvisación. Es decir, ¿cuándo es correcto dedicarle tiempo a mapear un proyecto para determinar las secciones y acciones a futuro? *vs.* ¿cuándo conviene moverse rápido e improvisar sobre la marcha?

Cada uno de estos doce puntos es válido, es decir, es posible ubicarse de cualquier lado de las seis contradicciones. Un gran líder no encaja en un estilo particular, su rango de acción es amplio, se mueve en un mar de contradicciones y es un artista que sabe cuándo pararse de un lado o del otro.

> Aunque el buen líder no encaja en un estilo particular, en estas doce características puedes encontrar sus mejores virtudes.

26. ¿Cómo delegar de forma correcta?

Muy seguido escucho a empresarios que me dicen: «Ya tengo un equipo de líderes», pero que siguen haciendo todo ellos. Es una pendejada, porque entonces, ¿de qué chingados sirven los líderes? Es increíble que, aunque tengamos a las personas necesarias para cumplir con todas las labores en nuestra empresa, todavía nos cueste delegar.

Hay un modelo que te ayudará a entender y a mejorar tu habilidad para delegar. Es un modelo de dos ejes: el vertical marca la habilidad para predecir lo que tenemos que hacer, y el horizontal el que dicta qué tan urgente es. El cruce de ambos ejes dará tres categorías.

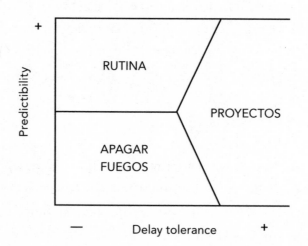

La primera es el trabajo rutinario, puede ser una línea de producción tradicional. Este tipo de tareas es predecible y de urgencia, debe hacerse de inmediato porque no se puede frenar la línea de producción. Éste es, sin dudas, el trabajo más fácil de delegar.

La segunda es la de la tarea de apagar fuegos. Es urgente, pero no se puede predecir. No hay un manual que te diga cuándo o en qué sector de la compañía aparecerá una alerta, no hay nada que pueda decirte qué fallará mañana. Por eso se asume que se debe contar con experiencia en la rutina para convertirse en apagador de incendios. Esto no lo vas a poder delegar hasta que haya una verdadera memoria organizacional en tu empresa donde se vayan detallando precisamente esos fuegos.

La última categoría es la de los tipos de trabajo. Es la más difícil de delegar y la conocemos como «las labores de proyectos». Contar con personas encargadas de la labor de proyectos es gozar de una habilidad suprema para delegar, porque se asume que tienes líderes capaces que van a definir cuáles son las tareas y las obligaciones urgentes para después encarar los fuegos que ocurrirán en algún momento.

Cuando entiendes las tres categorías, sabes que hay un perfil específico para cumplir cada una, pues requieren de mentalidades diferentes. Por lo tanto, si quieres que una persona pase de la rutina a apagar fuegos, deberás «coachearla» para ver una evolución. Si quieres lograr que de ahí llegue a las labores de proyecto, el acompañamiento será mayor. Me he encontrado con que las organizaciones tratan de elevar a mucha gente que viene de la rutina a la labor de proyectos, sin pasar por el «coacheo» y el acompañamiento, y ahí es en donde pierden. La capacidad de identificar cuánto de tu empresa cae en cada categoría, identificar el talento que puede ir pasando de una a otra y de «coachear» y acompañar a ese talento es una habilidad clave en la caja de herramientas del emprendedor.

27. ¿Cómo me protejo de que mis empleados se roben mi idea?

Lo que más me preocupa es que estés suponiendo la maldad de tu gente. Yo creo que:

> Debes enseñarle todo a tu gente, tanto que se puedan ir mañana a hacer lo mismo que tú, pero tratarlos tan bien que no se quieran ir a hacerlo.

Ésa es la visión con la que yo arranco un negocio. Si de entrada arrancas con una visión de desconfianza, se lo trasladas a tu gente y casi te predestinas a que eso suceda.

Un dato importante de mi carrera es que no he permitido la fuga de ni un sólo líder que haya dado resultados en mis organizaciones. He sido cuidadoso en la retención de talento. Si tu pregunta es sobre qué precauciones puedes tomar para evitar poner en riesgo a una organización que es pequeña: puedes dividir el conocimiento técnico entre múltiples líderes. Si dependes de una sola persona, te complicas. En el ajedrez de dirección general para cada posición de liderazgo dentro de tu empresa siempre debe haber alguien más, que tiene el conocimiento técnico y que esté listo para tomar la posición.

Otra forma de lograr lo anterior es que formes un comité de tres personas debajo del líder técnico, así diluyes el riesgo, y si se va uno, quedan dos más que saben hacer la tarea y cómo funciona ese sector. Es decir, pon tres cabezas técnicas al mismo nivel.

Por último, utiliza lo legal para blindarte y que no puedan hacer nada al respecto. Pero regreso al inicio de esta respuesta: trata bien a tu gente y no se van a querer ir.

28. ¿Cómo evito el fracaso?

La pregunta correcta no es ésa, porque el fracaso es parte de la vida. La pregunta es: ¿cómo me levanto del fracaso? La gente tiene una noción equivocada de cómo funciona la vida. Por un lado, volteamos a ver a los exitosos y pensamos: «¡*Qué vida tan fácil tiene! ¡Logró construir su empresa y tiene millones en el banco*!». Vemos sus trofeos o reconocimientos y pensamos en lo fácil que se vuelve la vida con ellos.

En este mundo del crecimiento de los emprendedores, las biografías de éxito ajeno se viven como autobiografías de fracaso. Este concepto es difícil de explicar, pero me pondré como ejemplo. Quizá me veas y pienses: «*Éste* es un tipo exitoso, con una empresa grande, ya no necesita trabajar todos los días, ya no necesita hacer más dinero, ya no trabaja por el dinero, no es *ésa* su motivación, tiene una familia, etcétera». Y luego: «¡Qué cabrón, no se puede quejar de nada!». Pero si vieras mi vida a través de mis ojos, te darías cuenta de que yo todos los días remo hacia el siguiente fracaso. Y lo más interesante de todo es que, cada que me enfrento a ellos se fortalece mi carácter.

No creas que hay una línea divisoria entre los exitosos y los que lo siguen intentando. Todos han fracasado, y más importante aún, los exitosos siguen fracasando todo el tiempo, por diseño. Las personas más exitosas son las que más han fracasado.

Sara Blakely, CEO de Spanx, emprendedora billonaria y creadora de la exitosa marca, cuenta que cuando era pequeña, al llegar su padre del trabajo todos los días, le preguntaba: «¿En qué has fracasado hoy?». Eso te pregunto. Si no fracasas es porque te falta intentar, es porque te quedas quieto sin llegar o probar tu límite.

> Reinterpreta el fracaso como la base del crecimiento.

Todos dicen que cuando la gente fracasa debe levantarse, y lo afirman como un gran mensaje motivacional ¡Error! Si tiro a alguien al suelo, ¿crees que no se va a parar? ¡Claro que sí! Seguro que 99 de cada 100 personas que tire se pondrán de pie. Ése no es el secreto. Todos se levantan. No es ningún mérito. La diferencia es que, si después de caerte cien veces todavía quieres levantarte y reflexionar, no lo hagas con mal humor o con la idea de que eso siempre te pasa, porque eso contamina tu estado psicológico y condiciona el estado con el cual abordarás tu siguiente reto. La gran diferencia entre la gente hiperexitosa y la gente no exitosa es la siguiente: si tiro a los exitosos, se levantan pensando en qué aprendieron y qué es lo que sigue, se desafían.

> Lo que importa no es si te levantas o no, sino con qué actitud te levantas luego de fracasar.

29. ¿Cómo darle la vuelta a una crisis o a una bancarrota?

En mi vida profesional he caído dos veces en bancarrota. En uno de esos casos aprendí algo que me permitió darle la vuelta.

Hace unos años, nuestra empresa venía creciendo de forma sana y nos ofrecieron un negocio que parecía perfecto. Lo analizamos a conciencia. Requería que afrontáramos una deuda grande, pero tomamos la decisión de entrar porque nos gustaba el posible retorno. A las pocas semanas de haber empezado se disparó la inseguridad en la ciudad, algo que no pudimos haber previsto, ni pudimos controlar. Eso destruyó el negocio y nos dejó abandonados, con la enorme deuda encima, sin nada con qué respaldarla.

Esos momentos han sido los más difíciles como emprendedor. Es cuando te das cuenta de que traes un peso que parece insostenible sobre tu espalda. Duele y piensas que nunca lo vas a superar. Pero lo hicimos. Y es por eso que hablo mucho de mis fracasos, porque sé que parecen insuperables en el momento y al final se pueden superar. Hay un concepto en latín que sirve para explicar esto: *pathemata, mathemata,* es decir:

En el dolor está el aprendizaje.

La escuela de la vida no está en el salón de clases, sino en esos momentos. Esos instantes en los que te cuestionas si debes o no seguir tu propósito y en los que de verdad te conectas con lo más profundo de ti y reprogramas tu mente para seguir adelante.

Así que, cuando vivas un momento de profundo dolor, ya sea físico, emocional o financiero por una bancarrota, recuerda que ese dolor viene con una lección de fondo mucho más poderosa que el dolor en sí. No quiere torturarte, vas a aprender y a salir más fuerte. Por eso me gusta hablar de mis fracasos, porque es un modo de mostrar cómo salgo de ellos, con dolor, pero, al fin y al cabo, también con un gran aprendizaje.

30. ¿Cómo mantener el optimismo cuando las cosas salen mal?

Hay una teoría de Martin Seligman en la que explica que el éxito, tanto en ventas como en los negocios, es de los optimistas. Esto puede parecerte obvio, pero lo que a mí me ayudó al leerlo es que define con claridad qué implica ser optimista y qué es ser depresivo, y por qué las personas depresivas son quienes funden a las organizaciones.

Seligman define el perfil del optimista en función de tres puntos de vista particulares: cómo ve situaciones, factores y atributos. Por ejemplo, imagina que pierdo mi teléfono. Hay dos maneras de ver la situación: por un lado, podría atribuírsela a una situación interna y decir: «Estoy pendejo, por eso siempre se me pierde el teléfono», es decir, un factor propio; por otro lado, se lo puedo atribuir a una situación externa: «Iba corriendo, había tráfico, los niños gritaban y se me perdió el teléfono».

Ahora, los factores. El autor los divide en dos: estables e inestables. Estable es cuando alguien dice: «Es que siempre voy tarde» o «Siempre me pasan estas cosas», es decir, les da estabilidad a situaciones negativas. Por otro lado, está la inestabilidad: «Me pasó esta vez porque llegaba tarde»; en este caso, fue «esta vez» la que resultó diferente.

Luego, los atributos. De nuevo, Seligman hace una distinción entre generales y específicos. Una persona que los ve de manera general dice: «Siempre estoy desorganizado» o «Siempre soy...». Nota la importancia de «siempre» en este caso. Por otro lado, está el uso de los específicos: «Oye, pasó esto, pero en cuanto abra la puerta el banco lo resolvemos». Fíjate la manera tan diferente de ver los atributos posteriores al evento.

Lo que quiero que entiendas es que los depresivos son la suma de culpabilidades internas con estabilidad en cuestiones negativas y el reflejo general de esas intenciones. Por otro lado:

> Los optimistas ven cada situación y problema como un factor externo, inestable y con respuestas específicas. Éstos son los individuos que logran resultados en la vida.

Los autores llevaron a cabo una encuesta entre vendedores y, quienes se catalogaban como optimistas, generaban 37% más ventas. Por otro lado, se hizo un estudio a cien emprendedores, y de sus empresas sólo cuarenta y dos sobrevivieron, de ellos, más del 80% eran optimistas. En otras palabras, vivimos en un mundo en el que sólo los optimistas muestran resultados positivos. Sin embargo, no nos damos cuenta y a veces nosotros mismos somos depresivos. Analízate en este momento. Si te defines como depresivo, toma acción en este momento con esta teoría para volverte consciente de tus reacciones y darle la vuelta a ese *mindset* negativo.

31. ¿Cómo reaccionar ante las muchas opiniones que me dan sobre mi negocio, sobre todas las cosas que no se pueden hacer, o de las razones por las que va a fracasar mi empresa?

Mucha gente a tu alrededor te va a decir que no puedes, yo les llamo «las voces que te destruyen». Déjame te platico varios ejemplos de cuáles han sido esas voces en mi camino.

A mí me dijeron que no podría ser consultor recién graduado, que «necesitaba canas», y hoy soy dueño de una empresa de consultoría que le da trabajo a más de trescientas personas, con presencia en dieciocho países (y no tengo canas). Me dijeron también que nunca se iba a publicar un libro de un desconocido y llevo nueve libros publicados, el más reciente editado de la mano de una de las editoriales más importantes del planeta, que confió en mí también para un décimo libro. Me dijeron que no podía irme en contra de los expertos en ventas porque me iban a cerrar las puertas de los eventos de los clientes más influyentes del sector y ahora imparto el curso de ventas más importante de Latinoamérica. Me dijeron que no podía ser *influencer* porque me faltaba rostro y ya acumulé el doble de seguidores del cabrón que me sentenció. Me dijeron que si tu familia no es de los grandes capitales del país, es impensable aspirar a construir un fondo, y ya firmé la estructura legal y gran parte de los recursos comprometidos.

Te doy estos ejemplos porque todos lo que me decían estas cosas me estaban dando:

Opiniones, no consejos.

Es importante que sepas diferenciar entre ambos. Una opinión viene de alguien que no ha pasado por el camino que tú estás recorriendo o quieres recorrer. Un consejo te lo da alguien que ya paso por ahí. Es importante que escuches los consejos, más que las opiniones. Y, cuando busques consejo, asegúrate de hacerlo en alguien que ya paso por ahí y tuvo éxito. Está muy bien que preguntes por qué no lo hizo a quien no lo logró, pero quien te puede decir cómo sí, es quien ya lo logró.

En todo momento, la vida te da a elegir: rendirte o seguir creciendo. Cuando te lleguen esas decisiones, cuando te inunden esas voces que te destruyen, repite con convicción que:

> «Aún no eres quien vas a llegar a ser»,
> porque es la verdad, porque será tu motor
> para no rendirte, para seguir adelante.

32. ¿Cómo hago para que los comentarios negativos no me quiten energía?

La respuesta es simple: ¡que te valga madre lo que la gente diga! He pensado mucho en cuál es la definición de emprendimiento y llegué a la conclusión de que la verdadera definición es:

> Que te valga madre lo que la gente diga.

Y en esta definición veo dos cosas importantes: la primera es que, cuando estás iniciando, todas las voces van a ir en tu contra. Todos van a encontrar razones para que no funcione, para decirte por qué estás equivocada, o te van a preguntar por qué te estás metiendo en algo que no deberías. Ignóralas.

La segunda es que sólo hay una voz en la que tienes que volverte experta en escuchar y ésa es la voz de tu mercado, de tus clientes.

> La capacidad de poder no escuchar tu alrededor
> y sólo prestar atención a esa voz del fondo
> que te dice a dónde debes ir es el arte
> del emprendimiento.

Los emprendedores somos esos locos qué no escuchamos a nadie más que a esa voz nítida del mercado.

33. ¿Cómo lidiar con los *haters*?

Hay mucha gente que ni siquiera sabe qué vendo, si sacos, productos para la barba, ¡humo! No te imaginas la cantidad de cosas que me han dicho en los comentarios de mis videos. Siempre que estás generando algo que cambia el mercado habrá división.

> Si no estás ofendiendo o incomodando a nadie,
> entonces no estás haciendo nada significativo.

Ya lo he dicho, en primer lugar, ¡que te valga madres! Y segundo, no respondas, deja que tus seguidores lo hagan por ti. Es decir, deja que tu trabajo y tus clientes respondan por ti, que avalen lo que haces y el valor que aportas.

En mi caso, cuando voy a conferencias, les digo a todos que cuando vean a un *hater*, le respondan que no es cierto lo que dicen, que existo, que soy de carne y hueso, que vengo a dar charlas que aportan valor y que sí vengo a ayudar. Cuando veo una empresa que bloquea los comentarios o los borran o ellos mismos responden y contraatacan, pienso que es un error que se metan en esa discusión. En cambio, si a los comentarios negativos alguien responde y dice: «Yo lo conozco y es un chingón», te da validez. Las voces positivas deben opacar a las voces negativas, pero ojo, porque si hoy tienes más voces negativas, entonces hay un problema. Lo malo no son las voces negativas, sino que las voces positivas sean menos o que no las refuten, quiere decir que tienes trabajo que hacer para mejorar la forma en que estás agregando valor.

34. ¿Qué puedo hacer para mantenerme motivado?

Tu cerebro necesita de cuatro combustibles para motivarse:

1. **La comedia.** Los chistes son como echarle combustible al ánimo. Te cambia el nivel, sobre todo cuando estás en un momento delicado. Es algo que funciona en el corto plazo.
2. **Los logros.** Necesitas colgarte una medalla de algo que estés haciendo, ¿cuáles son las metas que puedes lograr en los próximos noventa días? Mira hacia adelante y fija metas específicas: un diplomado, un curso, algo concreto.
3. **Tu círculo de amigos íntimos,** es decir, todas las relaciones cercanas. Este combustible es poderosísimo. Busca

personas que te ayuden a elevarte y a ser mejor, no cualquier pendejo o amigo tóxico.

4. **Tu legado.** ¿Qué vas a dejar cuando te mueras? ¿Qué impacto quiero ver en el mundo? ¿Cuál es mi propósito?

Si estás cerca del inicio de tu viaje, necesitarás más del primer combustible. Entre más avances, más te acercarás al cuarto. A mí me mueve el legado, la trascendencia. Cuando recibo un mensaje de alguien que dice: «Carlos, tu contenido me cambió la vida y con eso salvé a alguien», ése es mi legado. Me enciendo por dentro. Estos mensajes me dan una pila extra. Me ha pasado que me siento cansado y, cuando voy a dormirme, recibo un mensaje de alguien que necesita ayuda y me motiva a sacar un video que le sirva. Me «reenergizo».

Es muy importante que vayas midiendo la cantidad que tienes de cada combustible y lo vayas rellenando de manera consciente; no puedes, ni debes nunca, quedarte en cero.

35. ¿Qué es lo que debo aprender? ¿Cómo aprenderlo? ¿Cuánto tiempo debo dedicarle?

Grandes preguntas. Déjame responderlas en el siguiente orden:

¿Cuánto tiempo dedicarle a aprender?

Analiza cuál es el tiempo útil de tu día. El negocio no te debe comer más del 50%. Hay gente que quiere trabajar ocho horas. Yo no, pero hay gente que sí. Para ellos, el trabajo debería representar cuatro horas y otras cuatro su crecimiento personal.

Yo trabajo catorce horas al día. Le dedico siete a la oficina y me dedico otras siete a mí: para leer, para crecer como individuo.

Entonces, primero estructura el tiempo de trabajo operativo, porque ahí se trata de aplicar conocimiento y el resto del tiempo es para crecimiento.

¿Cómo sé qué tema tengo que aprender y cómo lo puedo aprender?

No hay una sola fórmula, sin embargo, a mí me han funcionado cinco:

1. **Problemas.** Si tengo un problema en mi negocio, alguien de seguro ya escribió sobre eso. Así es como busco libros relacionados a los problemas que tengo. Y luego me compró todos los libros que me parecen relevantes del tema, compro diez, veinte o más de golpe. Claro, luego hay que leerlos. El problema es que muchas personas creen que con comprarlos ya aprendieron. Aclaro: hay muy poco en español, así que lo busco en inglés, te recomiendo que hagas lo mismo.

2. **Tendencias.** ¿Qué está pasando con el mundo? Busco a quienes están «inventando la rueda». Estoy seguro de que en tu industria o en las industrias que te interesen hay personas pensando en cosas nuevas. Aliméntate de eso.

3. **Externos.** La mezcla de negocios siempre es importante. Hay mucha gente que presume de no contratar a externos. Eso es una pendejada y es una manifestación del ego, que de nada te sirve cuando de aprender se trata. Yo tuve la ventaja de crecer en la industria inmobiliaria,

en donde trabajamos con un buen número de externos que me hacían ver cosas que no había visto antes. A través de ellos puedes intuir temas. El problema es que, por lo general, siempre vamos con el proveedor de servicios (el externo) más barato. Esa persona no es la mejor y, entonces, es peor, porque vas a aprender algo que no está bien o no es la mejor versión, la que te va a poner en ventaja. Si vas a reclutar, ve por el mejor y pregúntale qué estás haciendo mal o bien. Pero por querer ahorrarnos unos centavos, perdemos la oportunidad de ganar millones. En aprendizaje de este tipo no debes ahorrar, porque puede ser contraproducente

4. **Eventos.** Yo asisto con frecuencia a eventos de mi giro o de lo que me interesa. Por ejemplo, hace poco fui a un evento en Chicago sobre *e-commerce*, porque es una de las tendencias en las que me di cuenta que me quiero trepar. Y cuando quiero acercarme a un experto, organizo el evento que me ayude a conectar con él o ella. Por ejemplo, organicé uno con Gary Vee y otro con Seth Godin, en Nueva York, y los armé porque quería estar al lado de ellos.

5. *Learn-working.* Esto es una derivada del famoso *networking*, pero con intención clara de aprender de quienes vas conociendo. Se trata de hacer amistades o contactos arriba de tu nivel. Con ellos irás aprendiendo cosas nuevas, sobre todo relacionadas de cerca a tu industria. Escucha y sobre eso puedes definir qué quieres aprender.

Hay muchas otras formas, pero estoy seguro de que con esas cinco puedes alimentar un proceso de crecimiento constante.

36. No sé qué estudiar. No sé qué decirle a mi hijo que estudie. ¿Qué hago?

Existen tres burbujas: una es lo que el mercado quiere, otra lo que a ti te gusta y la tercera es para qué eres bueno. Tienes que jugar con ellas y ver en qué punto se conectan.

Yo te puedo resolver lo que viene en el mercado y, con eso en mente, te diría que estudies algo relacionado con tecnología o sistemas computacionales. El mundo digital se está comiendo al mundo físico, eso es lo que el mercado quiere. Ahora mismo, si estudias sistemas, es como comprar un seguro de vida para el futuro. Hay demasiado trabajo digital. Pero eso no quiere decir que te guste y que seas bueno para eso.

El problema es que dos de esas burbujas son de autoconocimiento, de saber qué te encanta, qué te mueve y para qué eres bueno. Y sólo puedes saber eso a través de la experimentación. En la intersección de lo que quiere el mercado, lo que te gusta y lo que haces bien vas a encontrar la base para responderte qué es lo debes estudiar. Dibuja un diagrama con las tres burbujas y analiza: qué quiere el mercado, qué quiere el futuro, en qué eres bueno y qué es lo que te gusta hacer.

37. ¿Qué ideas tienes sobre el proceso de aprendizaje de cada persona? Ideas tuyas pero que mucha gente no entiende.

Te voy a pedir que te proyectes un momento. Imagínate que eres un niño que salta adentro de una alberca de pelotas de colores. Lo natural es que tu mente se ponga a curiosear con algunas de ellas. Imagina que puedes comerte esas pelotas de colores. Lo que va a pasar es que probarás la primera, digamos que es la azul, y luego te das cuenta de que no te supo bien. Entonces vas por la amarilla y piensas: «Está buena». Así, seguirá buscar las anaranjadas y un color tras otro. Unas te van a gustar, otras no.

Así me imagino el aprendizaje. Estamos inundados de conocimiento de muchísimas materias, pero hasta que no te tragas una materia puedes saber si te gusta, si funcionas para eso. Veo que hoy el 99% de la gente saltó hacia la alberca de pelotas, se divierte, pero no las prueba. Yo encontré una forma, por la infancia que viví y por cómo la viví, de probar las pelotas y empacharme con ellas. Por eso consumo conocimiento a una velocidad diferente que el resto del mundo. Pruebo materias y me empacho de conocimiento, por eso siento la necesidad de compartirlo, porque mi cuerpo no aguanta el conocimiento y se lo tengo que «pasar» a alguien.

El futuro en la educación no es otra cosa que bañarse en esa alberca de pelotas, de elegir cuáles son las que realmente quieres consumir. No es tan sencillo, porque hay un enorme problema con cómo consumimos aprendizaje hoy: no somos selectivos. Y es que debes entender que no es lo mismo consumir una pelota hecha por el mejor creador de pelotas amarillas del mundo, que la de alguien que acaba de empezar. Aunque se vean iguales, necesitas irte haciendo muy selectivo.

La gente a veces consume conocimiento sin darse cuenta de la importancia de la calidad. Yo, además de consumir cantidad, soy superselectivo con la calidad, sin importar el precio. Ojo con lo que digo: sin importar el precio. Por ejemplo, hace un tiempo pagué 10 mil dólares por tener dos horas de mentoría con Gary Vee. Para cualquier persona es ridículo pagar eso. Pero valió cada centavo.

Mucha gente le tiene miedo al valor de la educación porque no entiende la relación que hay entre educación y tiempo. Yo he entendido, a base de consumir muchas de estas pelotas, que mientras mejor sea la calidad del aprendizaje que consumes, más tiempo y dinero ahorras. Para mí, al consumir educación estoy ganando tiempo y por lo tanto mucho dinero.

38. ¿Cómo le hago para conocer a personas que me hagan elevar mi nivel?

Según Jim Rohn, somos el promedio de las cinco personas con las que pasamos más tiempo. En otras palabras, muchas de nuestras amistades van a afectar nuestro desempeño, así que tienes que elegirlas bien.

Te aclaro algo, no digo que elimines a los buenos amigos que hoy tienes. Para mí, esos amigos que te han acompañado desde la infancia son tu familia, se tienen que quedar y acompañarte. Debes cuidarlos. Sin embargo, necesitas otro *set* de amigos, quienes te van a impulsar al resultado que estás buscando, para que llegues hasta donde está tu potencial.

Para conseguir ese *set* interesante de nuevas amistades y contactos debes seguir el modelo T. Según éste, cada persona se define en dos dimensiones: la vertical y la horizontal. La dimensión vertical hace referencia a la especialidad técnica. Si eres la persona más experta en esa materia, es lógico que otras personas, quieran juntarse contigo. Por ejemplo, yo puedo decir que soy una de las cinco personas que más saben de desarrollo inmobiliario en Latinoamérica. Por eso, gente de diferentes ciudades del mundo me busca, porque quiere saber cómo levantar mejores proyectos inmobiliarios, es gente que no conozco, pero con mucho crecimiento. Entonces, por un lado, el conocimiento técnico te va a ayudar a crear estas relaciones. La otra dimensión horizontal la representan tus gustos, pasiones, *hobbies,* todas las cosas por las que conectamos con la gente porque nos gusta lo mismo: deporte, arte y un sinnúmero de temas que van a provocar que te conectes con otro tipo de gente que no está relacionada con lo que haces o en tu negocio.

Yo no te voy a decir cuál es tu fórmula, puedes decidir crear tus relaciones en función de la especialidad técnica y ser una persona más vertical o puede ser extraordinario para encontrar los *hobbies* que te llevarán a reunirte con la gente correcta y ser una persona horizontal. Las personas más completas tienen ambas y en esa combinación encuentran ese *set* de relaciones que van a impulsar ese potencial que sólo ellos saben que tienen.

> Pregúntate hoy qué estás haciendo, cómo estás trabajando para llegar a esas relaciones que te van a llevar hacia adelante.

39. ¿De dónde puedo sacar ideas para resolver problemas?

Muchas personas están metidas en problemas que las detienen. La respuesta se halla en la intuición, porque ésta te da la oportunidad de probar cosas, aunque parezcan ridículas.

Te voy a contar una pequeña anécdota de lo que me pasó durante el crecimiento tan acelerado que vivimos en 4S Real Estate. En una ocasión nos enfrentamos con el problema de no poder afrontar los gastos que implicaban las computadoras que se requerían para la gente que estaba entrando a trabajar en la empresa. Es un tema que parece increíble, porque ya éramos exitosos, crecíamos, pero nos faltaba dinero para darles las herramientas básicas a nuestros empleados nuevos. Un día, en el horario nocturno en el que yo acostumbro trabajar, desde las nueve hasta que no aguante más mi físico, me dijo mi intuición: «Oye en este momento, a las doce de la noche, una de la mañana, todas las computadoras de la oficina están paradas, no se están utilizando». Mi intuición me estaba diciendo que había otra forma de *hackear* el crecimiento de la empresa sin necesidad de meter más capital. Hablé con mis socios y los dos se rieron, como siempre sucede con estas ideas porque parecen ridículas. ¿Cómo iba a haber un turno de oficina en la noche? No éramos fábrica. Sin embargo, nos dimos cuenta de que había ochenta máquinas esperando gente para trabajar en ese horario y que podía duplicar el potencial sin necesidad de invertir más capital. Y ése fue el punto de partida: abrimos un turno nocturno que hoy abastece mucho del trabajo que hacemos.

El crecimiento requiere de este tipo de soluciones, que sólo la intuición te da. Debes alimentar luego la cualidad para probar estas cosas que de inicio parecen ridículas. El emprendedor muchas veces rema en contra de la corriente, y esa intuición es la que te va a llevar a ese camino que, en teoría, parece ridículo.

No le tengas miedo al absurdo, tú eres dueño de la solución del problema que tienes enfrente, deja fluir esa intuición hacia adelante.

40. ¿Cómo reprogramamos nuestro cerebro para ganar más?

Tienes que desafiarte. De manera muy práctica, tienes que destinar una parte importante de tu ingreso en pendejadas que en teoría no necesitas o a las que no puedes tener acceso siempre. Por ejemplo, si ganas 1 millón 200 mil al año, gasta 120 mil pesos en algo absurdo. Lo que yo pongo de ejemplo es que vueles en aviones privados. Puede parecer una pendejada, pero lo que te va a provocar eso es que tu cerebro diga: «Qué bonito es volar privado, no hay que hacer más filas». Así se reprograma tu cabeza para que entienda que hay cosas muy chingonas y te mueva a ir por ellas. Vamos a bajarlo a un ejemplo más sencillo. Vamos a pensar que ganas 30 mil pesos al mes y tus gastos son de 25 mil mensuales. Digamos que te quitan el trabajo, por la razón que sea. Te aseguro que, si en tres meses no encuentras trabajo, vas a dar con alguna forma de generar ese ingreso. Pero, si le dices a tu cerebro «quiero 100 mil», ¿qué crees que responderá? Hará todo lo posible para dar con alguna forma de generar esos 100 mil pesos que quiere.

Yo lo entendí porque en el negocio inmobiliario me topo con gente de mucho dinero. Un día, mientras analizaba un proyecto con el financiero encargado, le dije: «¡Qué buenos números de utilidad!». Me dijo que no tenían nada de buenos. «La vida del "patrón" vale 120 millones de pesos al año. Gasta

10 millones de pesos al mes entre su rancho y sus caballos, su avión, helicópteros, *staff* de casa de playa, *staff* de casa aquí en la ciudad, su departamento en Nueva York, sus propiedades aquí, el equipo de trabajo personal, asistentes, choferes, limpieza, tarjeta personal, la de la esposa, etcétera, son 10 millones al mes». Si tu gastaras 10 millones de pesos al mes, ¿cómo crees que funcionaría tu cerebro?

En la medida en que te exijas más, tu cerebro irá encontrando la forma de sacar más. Si estás en 100 mil, exígele 120, después 140, luego 200, de ahí 500. Yo todo el tiempo le exijo más a mi cerebro. Más y más. Tomo un buen número de vuelos privados porque me tengo que exigir. Si no entiendo que tengo que posicionarme en ese nivel, no voy a generar lo mismo. Piensa en cómo desafiar a tu cerebro para lograr tus objetivos. Esta forma de pensar te genera ganas de ir por más, y es que si no le dices a tu cerebro que hay que ir por más, no lo va a hacer por arte de magia.

41. ¿Cómo hago para hacer crecer mi negocio si no tengo tiempo?

Es muy probable que estés corriendo en la rueda del hámster. Seguro te dices algo como «Tengo mucho trabajo, no tengo tiempo, hay mucho trabajo, mucho mucho trabajo».

Tienes que cambiar tu *mindset*. Necesitas soltar. Si no empiezas por aquí, no vas a poder ni querer ejecutar lo que te voy a decir. Ahora sí, te voy a decir paso a paso cómo vas a hacer esto tú:

1. Vas a hacer proyecciones por cada unidad de negocio, con estados de resultados, para el próximo año.
2. Vas a determinar quiénes son tus líderes.
3. Les vas a dar *coaching* previo para decirles que les vas a dar libertad, que crees en ellos.
4. Ese proceso va a implicar llevar a cabo un recorrido, durante el cual los acompañas, tanto en los aciertos como en las equivocaciones.
5. Luego en la primera reunión del año del consejo operativo les dirás: «Señores, les quiero anunciar que yo ya no voy a llevar operativamente la unidad de negocios X, que opera con estos números que les entrego y son prueba de que la unidad está funcionando. Ya la llevará *fulano*». Entonces, el nuevo líder tomará la batuta y seguirá con su presentación y los resultados que quiera lograr para esa unidad de negocio y el plan de acción para lograrlos.

Seguro que el primer día los líderes te llamarán para hacer consultas insólitas, pero te toca ir dejándolos solos hasta que llegue el momento en el que ya no te hablen, pero en ese entonces habrás dejado de correr en la rueda del hámster y estarás recibiendo ganancias sin cansarte.

42. ¿Cuánto tiempo debo dedicarle a mi negocio? ¿Lo de las ocho horas laborales aplica para un emprendedor?

Si quieres vivir bien, vas a dormir mal.

He insistido en que trabajar las horas «normales» no resulta en crecimiento. Acuérdate de que las jornadas de trabajo se hicieron para quien quiere cumplir con un horario. El emprendedor vive en otro mundo, en donde si no trabajas hasta que te mueras de cansancio, el resultado no será nunca el crecimiento y, quienes me conocen, saben que yo lo cumplo y funciona. Si quieres mejorar, tener más, vivir mejor, que tu empresa crezca, necesitas dedicar mucho tiempo, las ocho horas no bastan, ¡entiéndelo!

Mi clave ha sido vender en las mañanas y operar en las noches. Después de trabajar durante todo el día y de pasar tiempo con mi familia, a las nueve de la noche, empieza mi segunda jornada de trabajo. Duermo sólo seis horas. Sé que es mucho tiempo el que le dedico, pero si quieres vivir muy bien, eso es lo que cuesta. La receta es muy clara y el ingrediente principal es de verdad entregarse al cien al trabajo.

Entonces, repite esto: si quiero vivir bien, voy a dormir mal.

43. ¿Cómo hago para que me alcance el tiempo para todo lo que tengo que atender en el día?

Te voy a decir cómo he logrado mantener mi disciplina de trabajo porque creo que ahí hay un valor importante. Primero tienes que entender que el tiempo es lo más valioso que tienes y necesitas ser extremadamente mamón con él.

Lo segundo, que no hay un sólo sistema de gestión del tiempo que funcione para todos. Es una tontería seguir a quienes dicen que te despiertes a las cinco de la mañana. Yo leí esas recomendaciones, pero siempre supe que a mí no me funcionarían porque viajo tres veces por semana y mis horarios tienden a ser un desmadre. Por eso tardé en hallar la manera de ser más eficiente. Necesitas conocerte bien y entender cómo funciona tu negocio, tu vida e incluso tu cuerpo para empezar a gestionar bien el tiempo de acuerdo con eso, pues depende de cada individuo.

Una vez un mentor me dijo que el secreto de la administración del tiempo se halla en la arquitectura semanal.

> Es fundamental entender que todos disponemos de las mismas veinticuatro horas en un día, pero las aprovechamos de forma diferente.

Mi arquitectura semanal empieza los domingos, que para mí es un día importante por su silencio. Después del *Facebook live* de la noche, organizo la semana. Esto significa ver hacia atrás y tomar apuntes de la semana que acaba de pasar y descrifrar qué aprendí, qué hice y, a partir de ahí, pensar en lo que quiero lograr para la próxima semana. Esto es importante porque, cuando sabes qué quieres lograr en los siguientes cinco días, sabes cuánto tiempo necesitarás. Yo dedico sólo lo justo a cada cosa, determino cuál es el tiempo proactivo y en qué lo quiero dedicar. De esa manera controlo el tiempo reactivo.

El problema con la administración del tiempo es la cantidad de gente que quiere ser parte de nuestro día, ya sea con consultas por WhatsApp, juntas de trabajo, clientes. Estamos siempre en tiempo reactivo. Lo primero que les pido a quienes quieren mi mentoría en administración de tiempo es que me den su porcentaje de tiempo reactivo: los porcentajes siempre están arriba del 50%. Yo no trabajo con ellos si no bajan su tiempo reactivo al 30%, porque la diferencia está en cuántas horas le dedican al tiempo reactivo y cuántas al proactivo.

Vamos a aclarar a qué llamo tiempo reactivo, pero primero debo explicarte la diferencia entre tiempo activo e inactivo. Todos necesitamos una cierta cantidad de horas de sueño. En mi caso son seis. Se podrá discutir mil veces el tema de las horas necesarias, pero, para mí, son seis. Ése es tiempo inactivo. Una vez hecha la división, te quedas con el tiempo activo. Este tiempo activo debe dividirse en tres: reactivo, proactivo y obligaciones de poco valor. El tiempo reactivo es aquél que pierdes en cuestiones que no dependen de ti, sino de alguien más. Por eso es importante reducirlo a, por lo menos, el 30% de tu tiempo activo.

El tiempo proactivo es el que tú decides dedicarle a una serie de acciones determinadas que deben ser tus prioridades. Por eso es tan importante que diseñes tu arquitectura semanal, porque es ahí donde empiezas a ver tus porcentajes de tiempo reactivo *vs.* proactivo y descubres tus prioridades.

Sin embargo, si no has desarrollado el hábito de analizar tu tiempo, no empieces haciéndolo los domingos, dedícale unos minutos todos los días, pues te resultará más sencillo al comienzo e irás fijando las bases para la creación del hábito.

Por último, quedan las obligaciones sin valor, las actividades cotidianas (el camino al trabajo, desayunar, bañarse, vestirse, etcétera.). Es necesario automatizarlas lo más posible y no perder tiempo valioso tomando decisiones. La razón por la que Steve Jobs, Mark Zuckerberg y otros individuos muy exitosos se visten siempre igual es porque ahorran energía y tiempo.

> El secreto para organizarte y que rinda
> tu día es saber cuánto tiempo proactivo
> tienes al día, y medirlo.

Cuando logras que más de la mitad de tu día, en promedio, sea proactivo, verás el resultado. En cambio, si te siguen llevando para donde otros quieren, terminarás desperdiciando tu vida y te darás cuenta de que pasaste años sin haber logrado nada.

Voy a entrar a detalle en el tiempo proactivo.

Existen cuatro componentes fundamentales en los que debes dividir tu tiempo proactivo: *deep focus*, desconexión, reconexión y tiempo de control. Sin importar a qué hora te levantes, el punto es organizar estas horas proactivas para abarcar los cuatro.

El reto del *deep focus* es encontrar tres horas consecutivas, sin interrupciones ni distracciones, que te permitan entrar en procesos de pensamiento profundo. Esto incluye aprendizaje y trabajo creativo. Por ejemplo, yo trabajo muy bien en las noches, desde las nueve o diez en adelante. Si no tuviera este tiempo de concentración profunda, jamás podría lograr los resultados que tengo.

Luego sigue el tiempo para desconectarse. Para mí, son las horas que paso con mi familia, cuando me desconecto de la realidad del trabajo. Esos momentos son valiosísimos y ayudan a ganar fuerza para el tiempo de reconexión.

La reconexión tiene que ver con la meditación, con el *mindfulness*, y todo aquello que ayude para llegar a la parte profunda. Te lo dejo a ti.

Por último, una fracción de tu día —que la mayor parte de la gente evita y que es otro gran secreto— es el tiempo de control, el que debes dedicarle a la auditoría de tu tiempo para saber cómo lo estás gastando (mi revisión semanal). La mayor parte de la gente avanza y pierde sus días sin lograr nada porque no hace una auditoría real. ¿Si no sabes en qué estás gastando tu tiempo cómo vas a mejorar?

En mi caso, mi tiempo proactivo en estos cuatro componentes es un promedio de diez horas al día. Sin embargo, hay algo que pocos entienden. Es superimportante saber administrar el tiempo, aunque se puede ser productivo en las cosas equivocadas. La pregunta del millón es: ¿en qué estás invirtiendo tu tiempo?

44. ¿Qué papel desempeña la forma en que me criaron en mi éxito como emprendedor?

Cómo y dónde creciste, cómo te criaron, cómo fue tu infancia es fundamental en tu vida, pero no es un factor determinista. Quiero decir que el lugar, los amigos, la escuela y sobre todo tu familia, tus padres, desempeñan un papel crítico en cómo entiendes y cómo crees que funciona el mundo y la vida en general. Estas experiencias crean un marco de referencia en tu cerebro, una serie de modelos mentales con los que interpretas todo lo que sucede a tu alrededor. Esta forma de entender el mundo es lo que muchos llaman «estilo de vida». Ese mismo marco de referencia que mamaste durante tantos años es el que determina ciertos límites a la forma en cómo ves el dinero. Levanta barreras mentales para que puedas imaginarte ganando y manejando cantidades de dinero mucho mayores a las que hoy manejas. Tu marco de referencia es un techo que te impide crecer. Ese techo es lo que Ramit Sethi llama «guiones ocultos» de nuestro cerebro porque están en el inconsciente, y son los que nos dicen todo el tiempo, sin que nos demos cuenta, «no, ese estilo de vida no es el tuyo, tú estás bien así, esto es lo que conoces».

Tu cerebro está programado para rehuir lo que no conoce, y es por eso que siempre va a tratar de usar ese techo, porque es donde se siente cómodo. Si le pides 10 pesos a tu cerebro, porque es a lo que siempre has estado acostumbrado, vas a encontrar la forma de llegar a 10 y en ese momento tu cerebro se sentirá cómodo y te pedirá que te acomodes tú también. Lo que debes entender es que eso no es reflejo de tu potencial, es reflejo sólo de tus circunstancias hasta hoy, y esas circunstancias deben representar la base de donde empiezas, no el lugar al que aspiras. ¿Qué tal que le pides 100 pesos a tu cerebro? Ya verás que te ayuda a conseguirlos, porque no va a estar cómodo hasta que se sienta que ha llegado nuevamente al objetivo, donde se puede poner a descansar. Y luego le pides 1 000 y así sucesivamente, el punto es no dejarlo que se acomode. Un cerebro cómodo es un cerebro pobre.

Pero regreso a lo de tu estilo de vida.

> Lo bueno de los estilos de vida es que no son genéticos, pueden cambiarse.

Así como cambias de estilo de ropa porque quieres imitar a alguien, puedes imitar a otros para cambiar de estilo, de techo, acerca de cómo ves el dinero. Necesitas la humildad para entender que hay otras muchas realidades, que tus marcos de referencia son sólo unos de millones posibles. Y luego debes tener la ambición de generar nuevos marcos de referencia que están muy por encima de tu techo actual.

Si tienes la suerte de conocer a alguien que te supere por mucho en éxito financiero y de vida, busca acercarte a él para que veas cómo piensa respecto al dinero y te irás dando cuenta de cómo funciona su marco de referencia y podrás empezar a interiorizarlo. Si no conoces a nadie en persona no importa, hay miles de libros y biografías de estas personas que te pueden ayudar a lograr lo mismo.

Lo malo es que a la gran mayoría de las personas, por huevonas y conformistas, les falta humildad o no se dan la oportunidad de aprender otros guiones, de entender que los otros estilos de vida, a los que pudieran aspirar, son sólo el reflejo de personas que aprendieron otros guiones mucho más elevados que los suyos. Tienes que desaprender lo que te enseñaron tus padres, tienes que salirte de esa jaula mental de cuatro paredes en la que creciste, sólo así vas a poder cambiar tu techo, romperlo.

> Acuérdate: tu estilo de vida actual,
> tu marco de referencia, tu techo son tu base,
> no tu potencial.

45. ¿Cómo hago para despertar el hambre en mis empleados?

La pregunta debería ser: ¿Qué provoca que a cualquier ser humano se le reenciendan las pilas?

Deben darse cuenta de que falta algo. Hay un esquema muy famoso llamado la «Pirámide de Maslow». Ésta sirve para explicar las motivaciones de todos los seres humanos. En los primeros niveles están la motivación de comida y un techo sobre su cabeza. Eso es lo único que necesitamos para sobrevivir. El resto es vanidad.

> El tema es que la vanidad es de las cosas más humanas que hay y la puedes usar a tu favor.

No me voy a meter en la parte ética, eso siempre será un debate, lo que te puedo decir es que funciona. Utilizar a favor la vanidad de otros es así: no te falta nada, estás bien, estás a gusto, pero de repente ¡sí te falta algo!, te falta algo que tiene el otro, el vecino, el colega, el amigo. Esa persona cercana a ti que de pronto observas y tiene algo que te da la impresión de estar más arriba de tu nivel, entonces te preguntas: ¿por qué él tiene eso y yo no?

El deseo no nos pega tanto cuando vemos lo que tiene alguien muy alejado de nosotros. No nos motiva tener lo que tiene Bill Gates, porque son muchos escalones de distancia. El verdadero deseo se despierta cuando vemos algo a lo que aspiramos y vemos que alguien en nuestro mismo nivel, o al menos así lo percibimos, ya lo tiene y de repente parece que brincó un escalón o dos adelante. Lo que puedes hacer es jugar con ese siguiente escalón, para motivar a tu gente. Lo que debes hacer es que, de entre tus colaboradores, promuevas al que logró sus objetivos. Pero tienes que hacer esa promoción muy visible, necesitas ensalzarlo, ponerlo en el reflector, que nadie se pierda la noticia. Y tienes que acompañar esa promoción con un premio, un símbolo. No le des el dinero, porque no sabes qué hará con él, tal vez nadie vea lo que se acaba de ganar, mejor dale un premio en especial, algo llamativo, algo que los demás no puedan dejar de notar, algo que genere en los demás un efecto aspiracional y los motive a ir por más. Puede ser un viaje, un cheque gigante, un auto, etcétera.

El mensaje que esto le manda a todos los demás colaboradores es «Ése no fuiste tú porque no cumpliste con tus objetivos».

Ojo: un error muy común que cometemos los líderes es que no somos claros con los objetivos y las metas que esperamos; si ése es un tema, arréglalo. De otra forma esta táctica resultará contraproducente porque serás visto como injusto y favoritista.

Si están claros los objetivos de cada uno, y luego premias al que lo logró y se los restriegas en la cara a los demás, entonces le puedes decir a aquéllos que no lo lograron: «Ése pudiste haber sido tú, sólo que no cumpliste con este plan. Pero no te agüites, puedes ser tú si le echas huevos a la próxima». Un beneficio extra de utilizar esta táctica es que te ayuda mucho a visualizar quiénes pueden ser tus futuros líderes y quiénes no. Los que veas que se parten la madre por ser el siguiente premiado, a ésos los quieres cuidar. Si ves que hay quienes no se motivan con esto, no te desgastes, ésos son los *minions* que son necesarios, pero no imprescindibles y bastante reemplazables.

46. ¿Cuándo me puedo declarar libre en cuanto a mis finanzas?

La gente cree que ser libre es no tener deudas o poderse dar un lujito de vez en cuando. Pero no. Lo primero es saber qué estilo de vida quieres. Una vez que sepas eso, puedes trabajar para que los rendimientos de tu trabajo, tu negocio y tus activos paguen ese estilo de vida al que aspiras. Una vez que logras pagarte ese estilo de vida, el gran error que muchos cometen es no darse cuenta de lo que tienen que hacer para poder mantener ese estilo de vida hasta su muerte.

La medicina nos ha dado el beneficio de prolongar nuestra muerte biológica, y entonces ahora vamos a vivir cien años. El problema es que la mayoría vamos a morir financieramente a los ochenta o menos. Quiero decir que la gran mayoría de las personas tienen un plan que les va a dejar sin dinero por veinte años o más y ésos son muchos años de mierda.

Yo creo que la primera muestra de que eres más o menos libre es cuando puedes asegurarte de que tu muerte financiera igualará a tu muerte biológica. Así que por lo menos debes tener asegurado tus rendimientos constantes hasta los cien años.

Eso es para ser más o menos libre.

> Si quieres ser libre de verdad tu objetivo debería ser que tus activos te generen el rendimiento para mantener tu estilo de vida hasta tres generaciones.

Es decir, asegúrate que estás asegurando el estilo de vida de tus nietos. Cuando puedes hacer eso es cuando te gradúas de la vida financiera. Cuando ves la vida con esos lentes de tan largo plazo te das cuenta de lo que tienes que ponerte a hacer para poderte sentir libre.

47. ¿Cuáles son algunos de los típicos errores de los que estamos empezando a emprender?

El 90% o más de los nuevos emprendimientos fracasan. Esto se debe a que sus dueños caen en alguno de los siguientes cinco comportamientos negativos:

1. **Gastan más de lo que pueden.** No desarrollan la cultura del ahorro y además mantienen un estilo de vida de gastos más altos, mucho más altos a veces que lo que les permiten sus utilidades. Y lo hacen por las razones equivocadas, por aparentar o por imitar a otros.

2. **Caen en la trampa de los grandes pasivos.** La expectativa social de lo que es correcto los mata. Se compran una casa o un auto con mensualidades muy altas, esto les restringe la flexibilidad que necesitas al inicio de tu emprendimiento. Y de nuevo hacen esto por caer dentro de una regla de expectativa social.

3. **No saben poner el dinero a trabajar.** Es común que los nuevos emprendedores trabajen mucho, pero el dinero lo tengan parado. No se dan el tiempo de aprender cómo funciona el dinero, cómo pueden hacer que trabaje. El dinero consigue que pases de caminar a correr en tu negocio, pero hay que saber cómo hacerle para que eso suceda.

4. **Sangran el negocio.** Justo cuando encontraron el camino correcto, cuando tienen un negocio que empieza a jalar y a generar más dinero, empiezan a sacarlo del mismo, a querer rentabilizarlo en vez de a reinvertirlo y entonces matan su crecimiento.

5. **No trabajan lo suficiente.** No entienden que con ocho horas al día no alcanzan. Y no me refiero sólo a trabajar más tiempo o la intensidad con que trabajes. También me refiero al trabajo intelectual, a cómo estás alimentando tu cerebro todo el tiempo de nuevas ideas y conocimiento, eso es algo que tienen que hacer todo el tiempo y sin embargo muy pocos lo hacen.

48. ¿Cómo puedo mantener mi desarrollo como líder?

Muchas personas persiguen su destino, pero yo creo más en derrotar al destino. Y te digo esto porque nos gusta creer que ser líderes está relacionado con lo que el destino nos depare. Cuando en realidad convertirte en un gran líder es algo que tú puedes influenciar y desarrollar en ti.

Hay cuatro cosas en las que debes trabajar para desarrollarte como líder:

1. **Controlar tus estímulos a través de una dieta mental.** Hoy en día estamos bombardeados de cientos de estímulos todo el tiempo y de muchas fuentes distintas: tu negocio, clientes, pareja, celular, los medios. Y somos ciegos a esa realidad, no visualizamos la cantidad de estímulos que recibimos. El líder debe de ser consciente y desarrollar una dieta mental que controle la entrada indiscriminada y le permita eliminar las distracciones de poco valor, dígase las noticias negativas, la radio, la tele, los grupos de WhatsApp que no aportan nada, etcétera, para entonces concentrarse en lo que es importante.

2. **Asociación selectiva.** Filtra a la gente de la que te rodeas. Que sea gente que te inspire a ser mejor persona y líder. Cuando tu círculo cercano está lleno de gente que es un mugrero, eso te empobrece a ti en todos los sentidos. Un líder es capaz de encontrar personas que son más exitosas que él y de acercarse a ellas constantemente.

3. **Modo de aprendizaje continuo.** La gente cree que el conocimiento y el aprendizaje son un terreno finito, que cuando se gradúa y le dan un papel ya conquistó el aprendizaje. No hay nada más equivocado y no hay nada peor que un líder que se cree hecho. El líder que entiende el juego infinito del aprendizaje encuentra maneras de aprender siempre, ya sea en esquemas formales como clases, libros, pero también menos formales como aprender de otros, haciendo cosas nuevas, viajar, etcétera. El aprendizaje es un músculo y el líder tiene que ejercitarlo todo el tiempo.

4. **Autoconocimiento radical.** Necesitas conocerte bien para filtrar todo lo que vas aprendiendo y los estímulos que decides recibir, para poderlo conectar contigo. Para hacer eso debes conocerte a ti mismo: quién eres, a dónde vas, cuáles son tus fortalezas. Sólo así podrás optimizar este proceso de conexiones que agreguen valor a lo que quieres lograr en la vida y maximizar el resultado de tus fortalezas. Recuerda que aprender a liderarte a ti es la parte más difícil de ser líder.

Despegar en ventas

49. El tema de las ventas me parece muy complejo y no sé por dónde empezar. Quiero vender más, pero ¿cómo navego por el mundo de las ventas?

Entiendo tu confusión, sobre todo porque hay mucho contenido sobre ventas y poco orden. Algo que a mí me ayudó bastante es entender que existen tres maneras de lograr ventas.

La primera se llama «semillas» o *seeds*, e incluye a todas las personas que conoces, cercanas a ti, es decir, tu círculo social. Alimentaste esas relaciones desde hace tiempo a nivel social. Todas forman parte de esa red a la que tú puedes ir a ofrecerle tu producto o servicio. ¿Cuál es el secreto si tu especialidad son las ventas de tipo semilla? Aprende a ser una persona completa y seguir el modelo T. Éste se acuñó en Estados Unidos y explica que las personas se miden por dos dimensiones: una, que forma la línea vertical de la T, es su especialidad profesional o quiénes son en el trabajo; la otra, la línea horizontal de la T, por quiénes son ellos como personas, es decir, sus intereses personales, deportivos, la labor en su comunidad, entre otros. Si quieres ser una persona excelente en este tipo de ventas, la línea horizontal de tu T debe ser enorme. Es decir, debes tener un montón de contactos sociales que te permitan incrementar el núcleo. Seguro conoces a alguien que es muy «socialito» y se la pasa siempre en reuniones y grupos. Ésos son buenos vendedores de tipo semilla.

La segunda forma de vender se llama lanzas o *spears*. Aquí, tú conoces a un prospecto en particular y vas tras él, con una iniciativa en específico. También se le conoce como *outbound,* o bien estrategias de venta en las que tú buscas al cliente, no te quedas esperando. El secreto detrás de este segundo tipo de ventas conecta con la persistencia y el control de las métricas que permiten llegar al resultado. Mucho se ha hablado del «embudo de ventas», la gráfica para determinar con cuántos de los prospectos que buscas terminas cerrando una venta. Entre mejor sea tu tasa de bateo —la tasa de venta—, mejor será el resultado. Ahora bien, si trabajas con esta segunda estrategia de ventas, debes ser muy sistemático y luchar todo el tiempo afuera, arrojar las lanzas y controlar y medir las tasas con claridad, para que avancen y lleguen a su resultado.

El último tipo de ventas se llama redes o *nets*. También se conoce como *inbound* marketing. A diferencia de los mecanismos anteriores, aquí vas a lanzar una iniciativa de cualquier tipo, mejor conocida como marketing. La idea es que, a través de una comunicación de cualquier tipo, van a llegar ciertos prospectos que podrás atender. El secreto es entender que no se trata de pedir, sino de dar. Debes dar mucho para que cierta gente se acerque a ti. Eso es lo que yo hago en mis videos: doy. Hay que entender que generar contenido no es hacer publicidad, sino que son herramientas para resolver el problema de alguien y ese contenido es igual a dar. Entre más des, más funcionarán las redes. Para mí, esta tercer forma de vender es la más escalable y es mi especialidad.

A final de cuentas, éstas son tres maneras de vender con un sólo objetivo: seguir creciendo.

Insisto en que si una empresa no está creciendo, está muerta.

> Crecimiento significa ventas.

Por eso, necesitas claridad absoluta sobre cómo funcionan las ventas. En esta era digital, sugiero que te centres en la última y que si no conoces el tema, te acerques a mi metodología «Halcones de venta», para ayudarte a entender a detalle esta materia.

50. Nuestro problema es que no sabemos cómo prospectar. En mi empresa producimos más de lo que vendemos y llevamos un rato que no podemos salir de ese círculo. Somos dos socios y los dos vendemos y operamos.

Entiendo su frustración. De hecho, déjenme decirlo con claridad: la parte más difícil de vender es la de prospectar. Por si no entienden este término, el arte de llegar a tener un contacto que te abrió la puerta a su vida es prospectar. Atender a esa persona y persuadirlo es venta. Ahora bien, ¿cómo se hace la prospección?

> Necesito que entiendas que hay cinco formas diferentes de prospectar.

La primera es el *networking*. Si asistes a eventos y en cuatro o más te encuentras con la misma persona, vas a ir construyendo familiaridad. Esa familiaridad te dará tiempo para intercambiar ideas y construir confianza. Después de ver a una persona en múltiples ocasiones, estará lista para abrirte la puerta. Ésa es una forma de prospectar.

La segunda forma son los referidos. Si has hecho buena labor, la gente va a conectarte con posibles clientes. Si dos personas diferentes te refieren a ese cliente, éste pensará que eres la mejor opción. Dos referencias simultáneas serán suficientes para abrir una puerta.

La tercera forma es la familiaridad de marca. Es decir, si tu marca ya se ha hecho de un nombre y si el sólo nombre resuena en la gente aunque no hayan contratado o comprado nunca algo de ustedes, quiere decir que han logrado familiaridad. Imagina que mañana recibo yo un correo de Apple pidiéndome una cita, ¿cómo reaccionaría? ¡Es Apple, lo que quieran! Es más, yo voy a Cupertino.

La cuarta es la marca personal. Si yo me subo a un escenario a dar una plática de lo que sea, ves mi marca. Por lo tanto, si les pido una cita en sus oficinas a quienes escucharon la plática, me van a abrir la puerta porque ya me identificaron con una marca. Me ven como un líder de opinión.

La última forma de prospectar es mi favorita porque se hace a través del contenido. Puedes lograr la misma familiaridad que construyes cuando ves a alguien varias veces si alguien se encuentra con más de veinte piezas de contenido. Parece difícil, pero hoy la tecnología permite que la distribución del contenido sea mucho más fácil. Si una persona ve de veinte a cincuenta piezas de contenido tuyas, créeme, estará lista para abrirte la puerta. ¿Qué tenemos que incluir en ese contenido? ¿Qué va ahí?

No se les ocurra hablar sobre los productos o servicios que venden. ¿A quién le importa? Odiamos que nos vendan. ¿Qué quiere escuchar la gente? Abriste tu pregunta hablándome de un problema, ¿no? ¡A eso viniste! ¡A resolverlo! Este libro es el mejor ejemplo de cómo prospectar usando este método. Resuelve los problemas de tu público, de tu tribu y sin costo. De aquí se desprenden dos temas importantes: quién es tu tribu y cómo hacer para resolver sus problemas gratis.

Es fundamental que un negocio sepa quién es su tribu. A quién quiere hablarle. Te recomiendo mucho que leas el libro *Tribes. We Need You to Lead Us*, de Seth Godin. A mí me abrió la mente. Entonces, lo primero es determinar quién es tu tribu principal. ¿A qué tribu le apostarías? Una vez que lo tengas claro, se vuelve fácil arrancar la conversación.

Pero vamos a tu problema. Me dijeron que atienden a constructoras. Bien. ¿Qué te parecería elaborar piezas de contenido con títulos como: «Tres formas de ahorrar en acabados para desarrollos inmobiliarios» o «Cinco casos en donde los acabados fueron más baratos que la proforma»? ¿Otro problema? El de las tendencias más recientes. O cómo está cambiando el diseño. El diseño de acabados en los desarrollos. Hay demasiados. El punto es que eso permite mostrar que conoces a la tribu y que los quieres ayudar. ¡Que los quieres ayudar!

Y después, ¿qué pasa?

Cuando subes contenido con frecuencia, la gente empieza a familiarizarse contigo. Después de un rato, lo más fácil es organizar eventos. Armas una reunión pequeña, un foro o un gran congreso, pero en ese momento ya están listos los prospectos para ir hacia ti. Aquí es donde el contenido ya logró su cometido: acercarte a los prospectos.

Pero debo hacer una aclaración:

> No sólo se trata de atraer prospectos,
> sino de atraer a las personas indicadas. Es decir,
> los tomadores de decisiones.

El problema de ustedes es que el tomador de decisiones está protegido por (o escondido detrás de) varias barreras. El suyo no es un problema de prospección a secas, como dijeron, es un problema de prospección de tomadores de decisión. El reto es que su contenido sea de calidad tal que los tomadores de decisiones lo quieran ver. Ahí es donde está el reto. Por eso he publicado tantos libros, porque es diferente un desconocido a un autor de uno y varios libros publicados por editoriales de prestigio en la industria. Cambia todo.

El contenido web es una magnífica manera de comenzar. En la medida en que publiques más, vas a contar con material para un libro, que le va a dar todavía más seriedad al tema. Es diferente llegar a la empresa de tu cliente y decir: «Aquí está mi libro».

Pero cierro con esto: de las cinco formas de prospectar, céntrense en la generación de contenido, que hace maravillas. Les cuento lo que pasaba en una de mis empresas. Cuando el blog despegó, nos escribían personas que no querían información sobre nuestros servicios, sino más bien porque no entendían algún punto o tema de los artículos. Recuerdo uno muy bueno, «Nueve errores del desarrollo inmobiliario residencial», del que ya perdí la cuenta de visualizaciones. Recibíamos comentarios del tipo: «Oye, pero se me pasó esto y aquello». Nuestra respuesta era: «¡Claro, con gusto te mandamos un socio a que lo platiquen en un café, para resolverlo!». Mi socio iba y se tomaba un café con el cliente. Se abrían las puertas. Pero un integrante de tu tribu no te va a abrir la puerta para que le vendas, ¡sino para que lo ayudes!

51. Siento que algo está mal en mi discurso de ventas. ¿Cómo hago un diagnóstico para ver qué es?

Lo primero para elaborar tu diagnóstico es revisar cuál de tus tres historias falla. Todos los vendedores deben conocer las tres historias. ¿Sabes cuáles son?

La primera es la que le cuentas a tu cliente sobre tu producto. La historia trata la manera de presentarlo, porque muchas veces se hace de forma anticuada. Por eso, en el curso «Halcones de venta», hablo con insistencia sobre liderar con palabras disruptivas que provoquen que el cliente detecte necesidades insatisfechas. Esta primera historia determina mucho del resultado.

La segunda historia es la que te cuentas a ti mismo. Si te has preguntado por qué no puedes lograrlo, de seguro sigues con muchas creencias fijas, como «nadie me capacitó», «no me expreso bien», entre otras. Hay historias que nos contamos a nosotros mismos que limitan y condicionan la forma en que atacamos el mercado. Cuando un prospecto huele inseguridad, aunque sea mínima, siente mucha desconfianza. A veces la primera historia es buena, pero al vendedor le falta seguridad para compartirla y ahí se pierde la venta.

La tercera historia es la que le cuentas a tu *coach*, y uso esta palabra pero también podría ser «mánager» o «gerente».

> En mis organizaciones no hay jefes, hay *coaches*, hay mentores de vida, líderes.

En esta tercera historia te abres a que alguien te dé retroalimentación y es la que sirve para alimentar la mejora continua del vendedor, es decir, una retroalimentación productiva. Cuando esa historia falla, no hay forma de mejorar.

En mi mundo, el resultado de las tres historias es lo que de verdad te va a mover hacia adelante. Así que, si quieres hacer un diagnóstico de tu labor de ventas, empieza por cuestionarte las tres historias: la que le dices al cliente, la que te cuentas a ti mismo y la que le cuentas a tus *coaches*, a tus mentores, a quien te impulsa hacia adelante.

52. Has dicho que el crecimiento de los negocios depende de las relaciones que uno vaya haciendo, pero estoy estancado en la venta de plantillas, que es a lo que me dedico. ¿Qué me sugieres? ¿Se puede vender en línea este negocio?

Éste es el tipo de preguntas que me encantan porque demuestran mucho que el juego de los negocios es de mentalidad. Fíjate en cómo lo expresas: «Nos dices que los negocios dependen de relaciones». Eso quiere decir que si creciste en el círculo social equivocado, jamás podrás avanzar en el mundo de los negocios. Esa visión está equivocada. Hoy la prospección a través del mundo digital te puede permitir llegar a quien quieras. Las relaciones son útiles, pero no son mi principal herramienta. Yo hago las relaciones a través del contenido. Los negocios se hacen con el marketing de la nueva era, que llamo «perder-ganar». Es decir, tú primero inviertes, pierdes, y luego ganas.

Piensa el caso de alguien que da gratis un *software premium*. Por supuesto, pierde y, además, le va a meter pauta para hacerlo y perderá más, pero lo hace porque es una pérdida calculada para ganar más. No tiene nada que ver con relaciones. Yo lo hice en B2B y B2C. Y esto no es así porque lo diga yo, en el mundo de las empresas grandes no hay tiempo para relaciones y, si hay relaciones, son de escala, que no dependen de un individuo, dependen de un sistema que genera relaciones.

Ahora bien, dejando ese punto claro, hablemos de tu negocio de las plantillas.

Tú tienes dos problemas enormes enfrente. Primero ¿cómo se logra la venta por *e-commerce*? ¿Qué es lo que está limitando a la gente? Mira, Zappos es una empresa de venta de zapatos que compró Amazon. Cuando empezaron no vendían porque la gente no pensaba en comprar zapatos en línea. Querían ir a la zapatería, probárselos, verlos, sentirlos. Así que Zappos lanzó la propuesta de devolución gratuita si al comprador no le gustaba el producto. El consejo directivo les sugirió no implementar esa acción, pues corrían riesgo de tronar la empresa por todos los reembolsos. Pero lo hicieron. De la noche a la mañana las ventas se fueron al cielo.

¿Qué problema veo yo hoy con el comercio electrónico en Latinoamérica? Que la infraestructura para distribución apenas se está desarrollando. En México, los envíos son más caros que en Estados Unidos (aun cuando son distancias menores). Pero si logras resolver el tema logístico, vender en línea es obligado para ti. Podrás vender en línea cuando arranques el marketing correcto. Inicia la venta de plantillas y ofrece reembolso gratis y así empiezas a explorar y a experimentar.

Dicho eso, se han generado muchas dudas alrededor de la experimentación digital. Por ejemplo, yo genero pautas pequeñas. Tengo ochocientos videos con micropautas para ver cuál funciona. Todo cuesta dinero, pero hay que experimentar, experimentar y experimentar.

Tú ya traes una línea de negocios, que es B2B. Vas a las empresas y vendes. Bien, ya encontraste un nodo. Ahora designa a un líder que no dependa de ti. Te urge estar en otras regiones para crecer. Así, con líderes, tu chamba será dedicarte al *e-commerce*, pero si no delegas el primer nodo, no vas a poder dedicarte al segundo negocio.

> El trabajo del director general
> es abrir la cancha de juego, no operar.

Si no dejas el 50% de tu tiempo libre para experimentar nuevos negocios, no estás haciendo bien las cosas. Si no sabes de *e-commerce*, aprende. Yo tomé un curso en Chicago sobre eso porque no sabía sobre el tema y ahora el 35% de los ingresos de mi empresa vienen del *e-commerce*, de cursos digitales.

Por lo tanto, tu mente debe entender que debe aprender. Si es una competencia estratégica para tu empresa, hazlo. Aprende para abrir la cancha y generar nuevas unidades de negocios.

53. Mi mayor problema en el área de ventas es encontrar vendedores. No encuentro por ningún lado, ¿cuáles serían los tres consejos para superar eso?

Pienso en varias cosas. La primera: estás buscando en los lugares incorrectos. Seguro están reclutando vendedores y me imagino que en bolsas de trabajo. ¿Eso qué te dice? Estás buscando entre gente sin chamba. Un cambio sencillo que debes hacer en tu área de recursos humanos es cambiar del reclutamiento activo por pasivo. Es decir, no publiques vacantes para gente que está buscando trabajo, sino ve por aquellos con trabajo y tráelos a tu empresa.

Aquí podría cerrar mi respuesta, pero te quiero contar un par de cosas más.

> Mis mejores vendedores son exmicroempresarios.

He tenido de todo tipo de perfil y han resultado extraordinarios. Los mejores vendedores de hoy no son vendedores. Son dueños de su negocio. Por supuesto, la pregunta es: ¿cómo le hago para encontrar a emprendedores, pero que yo quiero de vendedores? Te voy a compartir dos escenarios en los que yo los he encontrado. El primero es cuando truenan el negocio. El segundo, cuando les compras el negocio. Tal cual. Compras un negocio para «traerte» a la persona.

La segunda respuesta parte del proceso interno para generar vendedores. En teoría, la mayor parte de la gente odia vender. Imagínate, yo lo vivo porque en mi empresa de consultoría la gente quiere ser consultora. Sin embargo, llega un momento donde topa su sueldo. Así que, para ganar más, deben ponerse a vender. El vendedor gana más que el operador porque no tiene techo. Por lo menos en mi organización. Lo que suele pasar es que los vendedores están relegados en un puesto jodido de la organización. Si el vendedor estuviera encima de los operativos y ganara más que los operativos, ¿cuál sería la aspiración? Ser vendedor. Debe invertirse. Y hacer eso es un choque de cortocircuito brutal.

Entonces, ya el punto de mi segunda respuesta es que veo un problema en el acomodo de las estructuras organizacionales porque no premian al vendedor, sino a los operativos, cuando quien genera más valor es el área de ventas.

Vamos al ejemplo de mis socios regionales. Ellos trabajan sin sueldo base. Y mis directores de producto vienen de tener sueldo. O sea, son personas a quienes yo pagaba sueldos bastante buenos, pero renunciaron a su paga. Tengo diez directores en una oficina y todos renunciaron a su sueldo. Eso es magia y la manera de lograrlo no aparece en libros. Ninguno de los libros de negocio que se han publicado en los últimos diez años —los he leído todos— dice que le quites los sueldos a tu gente. Por eso estoy publicando uno que lo diga. Vale oro el que tú logres variabilizar y alinear a tu equipo sobre un resultado (ventas) en esta escala de organizaciones.

También es un tema de cultura. En mi empresa, los vendedores ni siquiera se llaman vendedores, sino como dije, socios regionales. Premiamos a quienes ganan dinero. Y eso se dice fácil, pero construir una organización así es complicado.

La tercera respuesta habla de motivación. Quizá no has encontrado a los vendedores correctos porque los abandonas. Es un problema gravísimo. Hay una escena clásica que me gusta recordar. Llega un vendedor nuevo a la oficina y el jefe toma el directorio telefónico y se lo entrega. El vendedor pregunta, ¿y a quién de todos ellos llamo? ¡Zas!, le avienta el libro sobre el escritorio. «¡El mundo es tuyo, cómetelo!». Pero el vendedor sólo se pregunta: ¿y cómo? A veces se quedan muy solos.

Hay un abandono muy cabrón a los vendedores. Sobre todo en el despegue, que es la parte más dolorosa. Si queremos vendedores que entren y que por arte de magia sean grandes, vamos a fracasar. En la etapa de crecimiento, que puede ser a veces hasta de años, es cuando se muere la mayor parte de los vendedores.

Busca emprendedores, cambia la cultura de la organización, variabiliza y nunca los dejes solos.

54. Quiero contratar a una persona de ventas, pero mis socios no están de acuerdo, dicen que como quiera los socios están vendiendo. ¿Cómo los convenzo?

Lo que debes transmitir a tus socios es la importancia de crecer.

> Para mí, un negocio que no crece es un negocio pendejo.

Por lo tanto, si no hay un equipo de tiempo completo enfocado al crecimiento, es que no quieren crecer.

Cuando no hay un equipo dedicado a ventas, se da el síndrome de la montaña rusa del emprendedor. Un día deciden ponerse a vender y consiguen clientes. Suben en la montaña rusa y, de repente, deben dedicarse a operar esos clientes.

Dedican la mayor parte del tiempo a operar y las ventas comienzan a caer. En plena caída sienten que se van a morir y justo en ese momento, vuelven a vender. El ciclo se repite infinidad de veces.

La única forma de romperlo y de verdad crear una organización que crezca es con un equipo dedicado a las ventas. De nuevo, trabajar para crecer debe ser una labor de tiempo completo y así evitar el ciclo perpetuo de la montaña rusa.

Muchos emprendedores en sus inicios me preguntan qué pasa cuando no tienen a ese equipo a la mano. Yo recomiendo que trabajen de día en la venta. Si el dueño no está enfocado al cien por cien en ver crecer su negocio, nunca pasará. Vende de día y opera de noche, fuera de horario de oficina.

Cuando iniciaba mis labores de emprendedor, me dedicaba a vender todas las mañanas, a pensar en propuestas, a enviarlas, a pensar en nuevas personas, a pensar en qué contenido generar para mi comunidad. Por la noche, después de mi tiempo familiar, me dedicaba a todo lo que tiene que ver con operaciones: mandar correos, revisar lo que mi gente hacía, etcétera. Ese tiempo valioso del día, cuando el mundo sigue activo, no lo pierdo en estar viendo lo que tenemos que arreglar dentro del negocio. Ése es mi secreto para los que inician.

55. ¿En qué momento recomiendas expandirse y salir a vender a otras ciudades? Me da miedo dar ese paso.

El crecimiento geográfico es el motor número uno de crecimiento, respaldado por datos de empresas públicas. En 4S nos tardamos en salir de la ciudad en donde estábamos por una percepción equivocada. Uno de mis socios decía: «¿Qué necesidad hay de ir a otra ciudad cuando no te has acabado la ciudad en la que estás?».

Debes salir de la ciudad en la que estás ya que hayas validado tu producto porque son dos avenidas de crecimiento diferentes. Penetrar en otras regiones te va a dar el motor de crecimiento más importante. En resumen, ¿cuándo? Ayer. Lánzate de inmediato.

Veamos una precaución previa.

Frank Sinatra decía que si tú logras el éxito en Nueva York, lo puedes conseguir en cualquier lado. Y eso me lo han dicho ya en varias ciudades, incluso en otros países: «Si tú lo haces acá, en todos lados te va a ir bien porque acá somos los más difíciles». Todos vivimos con ese regionalismo, todos creemos que nuestra ciudad es la que manda, pero el éxito en una ciudad no te garantiza lo mismo en otra, ni te da ninguna ventaja ni te pone en un contexto diferente para ir a la siguiente.

Ten mucho cuidado porque la arrogancia de llegar a un mercado nuevo te puede costar muchísimo dinero, o sea, el querer ir y abrir mercados por el deseo de ir hacia adelante sin una estrategia correcta te puede costar mucho.

> Arriésgate a salir de tu zona de confort,
> pero con un plan concreto.

Determina a nivel logístico y por tamaño cuáles son los mercados que hace sentido atacar en este momento e inicia con ésos. Utiliza el modelo de licenciamiento de las organizaciones neuronales para aligerar los costos de crecimiento y con eso arranca. A mí me tomó algunos años recorrer el continente completo abriendo oficinas, pero una vez que entiendes la receta, es cosa de multiplicarla.

56. Estoy tratando de promocionar mi empresa en redes, pero no consigo los resultados correctos. Creo que no sé cómo ni qué debo hacer.

Te voy a dar cinco tips cabrones de marketing digital para cualquier negocio y te van a ayudar a que entiendas mi visión.

Primero, es importantísimo asimilar que no vas a vender. Cuando a la gente se le habla de marketing digital piensa en vender en línea. Entonces, lo primero que hacen es subir promociones y *brochures* de venta digital, pero resulta un desastre que nadie quiere ver, ni seguir. Lo he dicho cuatrocientas veces:

¡Odiamos que nos vendan!

El primer tip tiene que ver con la estrategia de contenido. En concreto: no vendas, construye una comunidad. Lo he dicho cientos de veces, pero lo repito como tip número uno porque no me hacen caso y siguen publicando las mismas porquerías de venta. Luego me mandan mensajes: «Carlos, por favor, entra a mis redes que nadie me sigue, nadie me pela». ¡Pues claro, odiamos que nos vendan!

El segundo tip es que pongas a los algoritmos a trabajar. Lee bien esto: ponlos a chambear. La mayor parte de la gente cree que por colgar el contenido éste se va a mover solo. No: hay una máquina detrás que funciona con reglas. Con fórmulas. Esas reglas son los algoritmos y si no entiendes las reglas, el algoritmo te va a enterrar. Piensa en un iceberg: lo que se ve por encima del agua es sólo la punta. Sin embargo, debajo del agua, el iceberg es enorme. Eso sucede en el mundo digital porque, lo que vemos en las plataformas, en Facebook o Instagram, es una pequeñísima parte de lo que se publica. Se generan millones de piezas de contenido todos los días. Sin embargo, siempre ves el contenido de los mismos cabrones. No es que sean sólo ellos los que publican contenido, sino que poca gente ha entendido cómo usar el algoritmo a su favor.

Pero claro, surge la pregunta: ¿cómo chingados poner el algoritmo a trabajar a tu favor? La pregunta es qué quiere hacer el algoritmo. Lo que quiere es mantenerte como usuario varias horas en la plataforma o en la red social. Dicho de manera sencilla, quieren vender la atención del público a los anunciantes. Lo que están haciendo los algoritmos es encontrar los videos que mejor captan la atención de la gente para repetirlos hasta el infinito y lograr que la gente se quede. Por eso un video se hace viral. Hay un video mío que lleva unas 45 millones de reproducciones al día de hoy y cada vez que lo veo son más. Y pienso: «¿Por qué ése? Ese video lo hice hace tres años, ¿por qué seguir enseñándolo?». Pero al algoritmo no le interesa mi opinión. Si detecta que un video engancha a la gente, lo seguirá mostrando.

Yo quiero que entiendas que hay una forma de pautar para seducir al algoritmo. Si publicas el contenido y nadie lo ve, el algoritmo concluirá que no le interesa a nadie. Pero entiende: a final de cuentas, quien trabaja es el algoritmo, no tú, no lo pagues todo tú. Yo jamás hubiera logrado posicionamiento si hubiera pagado todo.

El tercer tip es el de ocultar tu venta. Es sencillo: crea tu venta dura a través de *dark posts*. Es decir, si publicaras todo lo que vendes, tu perfil se vería sucio. Cuando oscureces la venta nadie la ve, sólo la gente para quien se diseñó el mensaje. Por eso me enfurece la gente que no sabe pautar y oscurecer su venta, porque vende y encabrona. Ponte a estudiar mucho de este tema porque los *dark posts* son una herramienta muy poderosa para la venta digital.

El cuarto tip tiene que ver con la creación de relaciones digitales tridimensionales automatizadas. Esto quiere decir que no vas a vender nada de golpe. Primero debes ganarte la confianza de la gente y esto lleva años. Si quieres lograr una relación de largo plazo con alguien, debes generar un canal de comunicación digital. En realidad, el marketing digital que mejor funciona es aquél con varias vías de llegada a la gente. Usé la palabra «tridimensionales» porque deben ser tres vías: el correo electrónico —aunque suene a viejo—; Facebook Messenger, que tiene altas tasas de apertura y permite crear audiencia; y WhatsApp. La relación se vuelve tridimensional y, cuando el seguimiento se automatiza, es decir, que no es un vendedor quien está detrás respondiendo, sino que es un sistema, entonces, ahora sí, creaste una relación tridimensional digitalizada y un sistema de marketing digital.

El quinto y último tip es el de la experimentación + auditoría = aprendizaje. Una de las cosas que me ha sorprendido tanto del marketing digital es que las reglas cambian rápido. Las plataformas actualizan algoritmos, en nuevas versiones o diferentes y las reglas aprendidas se vuelven obsoletas. ¿Qué debes hacer? Volver a aprender. Por eso, debes contar con un sistema de marketing digital funcionando, un sistema de una compañía de aprendizaje. En otras palabras, estos tips que te doy ahora tal vez dejen de funcionar en unos meses. Entonces, en realidad, las compañías que saben hacer marketing digital no son aquéllas que tomaron un curso en el 2015 y pensaron que ya sabían hacer marketing digital. ¡No! Son las que cambiaron la mentalidad y dijeron: «Vamos a experimentar, vamos a medir esa experimentación y vamos aprendiendo». ¡Ésa es la regla de marketing digital!

57. Tenemos una agencia digital que nos ayuda a pautar en redes sociales, pero no está dando resultados. ¿Cómo podemos mejorar la estrategia de pautas digitales?

Necesitamos reprogramar nuestra mente cuando hablamos de pauta digital. En el mundo del pasado ponías un anuncio en el periódico o la televisión. Era un sólo anuncio, una especie de bazucazo hacia el mercado. La gente cree que lo digital es igual, que sueltas dinero a una sola publicación y a ver qué pasa. No han entendido que la belleza del mundo digital es que puedes generar cientos de micropautas. Hoy puedes pautar en redes sociales con unos cuantos dólares. Piénsalo así: primero tiras algunas balas para que cuando sepas qué es lo que de verdad le llega al mercado puedas tirar las granadas más adelante.

Primero, algo fundamental: ¿quién está haciendo los experimentos para pautar? Cada vez que inviertes en una pauta es un experimento. Si no sabes cuántas pautas tienes activas ahora, porque eso lo maneja la agencia digital, es un gran error. Es el *core business* de tu empresa, eso debería ser un trabajo interno. Te aseguro que la agencia está generando quince o veinte pautas, mientras que yo tengo miles de pautas pequeñas, todas activas. Son muchísimos experimentos hechos para poder sacar el cliente más barato de mis empresas.

Entonces, de vuelta a tu pregunta: la razón por la cual no están funcionando las pautas es porque no has aprendido a microexperimentar. Olvídate de la agencia digital, es más, róbale a las personas que te atienden y contrátalas para que trabajen en tu empresa, les pagas bien y se ponen a experimentar. Una empresa que experimenta llegará a las fórmulas correctas de pauta.

58. Hablas mucho de diferenciarte para poder venderte más caro, pero ¿cómo logro diferenciarme de la competencia?

La gente cree que va a venderse más caro por su calidad o por su servicio. Sin embargo, yo ya espero calidad y servicio de cualquier proveedor. De hecho, quienes venden barato presumen la misma calidad y el mismo servicio, entonces, eso ya no es una variable de diferenciación.

> En mis conferencias constantemente afirmo que estamos viviendo en la quinta era de los negocios: la de la radicalidad disruptiva.

En esta era, lo que buscamos no sólo son productos diferentes sino radicalmente sorprendentes.

¿Cómo crear un producto o servicio disruptivo? Muchos se acercan conmigo y esperan que les dé una idea extraordinaria con la que logren esa diferenciación. La realidad es que no es una idea, sino miles de ideas que se enciman en una empresa. ¿En dónde caben esas ideas de diferenciación? Es decir, ¿cómo lograrla?

Hace algunos meses presentamos el modelo de la cebolla. Cuando cortas una cebolla, en su interior aparecen varias capas. Si tu estrategia de diferenciación es lineal, entonces se vuelve fácil de replicar y no es radical. La única verdadera diferenciación es multivariable, en otras palabras, es como la cebolla, tiene múltiples formas de manifestar su unicidad. Es un modelo donde planteamos las seis categorías o dimensiones de diferenciación: mercado (tribu), ofensiva (marketing), oferta (producto), servicio, razón de ser y modelo de negocio.

La primera forma de diferenciación tiene que ver con la manera en que definiste tu mercado. Por ejemplo, si es un nicho, se llama «tribu específica»; centrarte en un mercado pequeño ya es una estrategia de diferenciación. Toma el caso de Lululemon, una marca de ropa que desde el comienzo se enfocó sólo en gente que practica yoga. Al elegir eso, mandaba un mensaje claro de que era diferente por el simple hecho del mercado que había escogido.

La segunda forma es la ofensiva, que va más allá del marketing. Me refiero a cómo comunicas lo que haces al mercado. Un ejemplo claro son los videos que hago para mi canal de YouTube. ¿Quién hacía videos educativos para emprendedores con el fin de vender otros servicios como el de educación, el de consultoría y demás?

La tercera es la del producto (o tu servicio, si es que tu empresa se dedica a ello). Son las características de lo que vendes. Quiero que te preguntes qué otras cosas podría valorar el cliente que hoy nadie contempla. Encuentra ese *set* de valores que de verdad te separe de lo que hay. Por supuesto que el secreto aquí es un cambio constante. La referencia obligada es Tesla que, además de vender un producto que hoy a todas luces es diferenciado, realiza actualizaciones constantes que le dan fuerza y permanencia a su producto. Otro ejemplo es mi primera empresa, que hoy funciona sin mí; hay un director general y trescientos consultores, y yo soy miembro del consejo. Cuando comenzamos, hacíamos un servicio y luego surgían cinco competidores que nos imitaban. Entonces, yo lanzaba un segundo producto/servicio, y de nuevo, aparecían las moscas competidoras. Y otra vez generábamos un nuevo producto. Así llegamos a lanzar trece unidades de negocio. Lo que pasa es que la gente se cansa y, si no te mueves rápido para hacer el siguiente movimiento, pierdes lo que habías ganado con el esfuerzo anterior.

Pasemos al servicio, la cuarta forma. Éste es sencillo: si te quieres diferenciar por el lado de servicio, la pregunta es: ¿estás dispuesto a hacer cosas extraordinarias?

La quinta diferenciación, que es más filosófica y más profunda, tiene que ver con la razón de ser de la compañía: su cultura e historia. O sea: ¿por qué estás en tu negocio? Hay muchas compañías que saben qué hacen, hay otras pocas compañías que saben cómo lo hacen, pero hay todavía menos que saben por qué lo hacen. En la medida en que ese tema tan profundo te llega, se vuelve muy difícil atacar esa estrategia diferencial. El caso clásico de esto es Patagonia. La compañía se fundó porque el dueño quería de verdad rescatar esta zona del mundo. Ese porqué la hace diferente a cualquier marca de ropa.

La última forma y quizá la que más publicidad tiene en el presente es la diferenciación de modelo de negocio. Si tu modelo de negocio y la manera en la que generas dinero son diferentes, seguro tienes una punta de lanza en el mercado. El futuro de los modelos de negocios va hacia las plataformas. ¿Qué hacen las plataformas para hacer dinero? Cuando te vuelves innovador en el modelo de negocio, distorsionas las reglas de cómo hacer dinero. Las referencias aquí son las clásicas empresas de tecnología como Uber y Airbnb, que han alterado las reglas de cómo se estructura el negocio.

Si logras que tu mercado te perciba como una oferta sorprendente en un mínimo de tres de las seis categorías, ya lo lograste.

59. ¿Cómo le puedo vender un poco más a mis mismos clientes?

Me estás preguntando por el *upselling,* es decir, venderle más a tu cliente. Ese tema se ha vuelto importantísimo y se volverá todavía más importante en el futuro porque cada vez es más caro adquirir clientes. En otras palabras, cada vez es más caro llegar al mercado y, por lo tanto, todos los días tienes que buscar incrementar el valor del *lifetime customer value,* el valor del tiempo de vida de tu cliente. Por eso, si ya tienes un cliente, debes pensar en cómo amplificar lo que le estás vendiendo. En eso consiste el *upselling.*

A nivel general lo ideal es que busques siempre que otros servicios pueden llevar a tu cliente a un siguiente nivel, pero a veces no es tan sencillo.

Si lo que quieres es hacer *upselling* dentro de tu mismo producto o servicio, aquí te dejo con seis formas básicas de hacerlo.

La primera es la conveniencia, o bien, hacerle la vida más fácil a tu cliente. Te pongo un ejemplo muy claro: cuando rentas un vehículo, te ofrecen devolverlo con el tanque vacío y ellos se encargan de llenarlo, por supuesto, tiene un costo adicional, y suele ser más caro que lo que se paga en el mercado, pero te están resolviendo un problema. Te olvidas de buscar dónde poder cargar combustible.

La segunda forma es el confort, o darle más a tu cliente mientras disfruta de la experiencia de tu producto o servicio. Un ejemplo son las aerolíneas y, en particular, JetBlue, que fue la primera en ofrecer la opción de viajar con ventajas adicionales por un costo, como el sector con mayor espacio entre asientos para poder estirar las piernas, abordaje prioritario (para que puedas elegir el mejor compartimento superior) y el acceso más rápido al control de seguridad.

Luego está la tercera, que es quitar el dolor, es decir, cómo hacer para eliminar los dolores que se mantienen cuando los clientes consumen tu producto o servicio. Un ejemplo —un poco antiguo—, es el *caller ID* (el identificador de llamadas). En la década de los noventa, cuando se popularizó, la gente tenía este dolor de recibir llamadas sin saber de quién. El *caller ID* llegó para quitar un dolor que generaba el servicio de telefonía.

La cuarta consiste en brindarle tranquilidad al cliente, o bien un *peace of mind*. Un ejemplo son las garantías extendidas. Seguro te ha pasado al comprar un electrodoméstico, un celular, tableta, que te ofrecieron contratar la garantía extendida, un seguro contra robos. Éstos son adicionales que le dan tranquilidad al cliente.

La quinta forma de hacer *upselling* es con la pasión. ¿Cuán cercana es tu relación con tu cliente? Como sea, debes llevarla al siguiente nivel. Un ejemplo de esto es el Cirque Du Soleil, que por un monto adicional ofrecían el *meet & greet*. De hecho, algo que yo hago en los eventos es que puedes comprar uno de mis sacos.

Por último, la sexta forma es con educación. El ejemplo claro es el Genius Bar de Apple que, si bien ofrece muchos servicios educacionales gratuitos, también una sesión personal en donde te dan más valor educativo.

Éstas son formas en las que puedes encontrar huecos que te permitirán amplificar y hacer *upselling*. Lo que quiero que veas es que en todas hay una clave: el margen de estos productos o servicios que añades es altísimo, son mucho más rentables que el producto o servicio normal. Comienza a pensar cómo aumentar tu margen.

60. No sé cómo hacer para cobrarles más a mis clientes porque son pequeños. No tienen dinero. O más bien, ¿cómo le llego a clientes de más dinero?

Te voy a responder desde varios ángulos porque lo primero que me queda claro es que tú fuiste a buscar a esos clientes, no ellos a ti.

Te voy a regalar una estrategia que me dio uno de mis mentores, algo que me encantó y de verdad funciona. Él me preguntó cuál creía yo que era el valor de mis servicios para que me fuera fácil conseguir clientes. ¿10 mil pesos al mes? Si se te hace fácil que te contraten por esa cantidad, entonces, amarra tres clientes que te paguen eso. Cuando los tengas, el cuarto lo subes 15 mil. Cuando llegues a seis, al séptimo lo subes a 20 mil y empiezas a desechar a los primeros. Y sigues así *ad infinitum*. Es una manera de ir limpiando a «los piojosos» y de mejorar el nivel de tus clientes. Esta estrategia la recomiendo para iniciar de manera rápida pero siempre aclaro que no es para siempre. Venderte barato es sólo para detonar, después de ahí tienes que fortalecer tu posicionamiento para venderte caro, muy caro.

El año pasado me encontré con mi mentor en un evento, me acerqué a saludarlo, me preguntó cuál era el valor de mi ticket promedio por cliente y le dije que 100 mil dólares por proyecto. «En un proyecto le brindamos entre cinco y seis servicios que, en total, nos representan esa cantidad», completé. Y me respondió: «¡Eres un pendejo!».

¡¿Cóóómo?! Me dijo que él no acepta consultorías por menos de 3 millones de dólares. Comparó la idea de llevar veinte clientes para facturar 80 millones contra los muchos que yo tenía. «¿Para qué batallas con tantos proyectitos?», dijo. «Mejor agarra a tres clientes de 4 millones de dólares, o cuatro clientes de 3 millones dólares y listo». Por supuesto, me dejó frío.

Yo vivo el mismo pleito que tú. Ya 150 mil se me hace lo básico y debo subir a clientes de millón de dólares. Y tú tienes que ir subiendo poco a poco esa barrera. Por eso te doy una metodología sencilla y que funciona, te dejo cincuenta yardas adelante para que hagas el *touchdown* más fácil. Cómo me hubiera encantado que alguien me explicara esto antes.

61. En Estados Unidos han cerrado muchos negocios importantes como resultado del éxito de Amazon. ¿Cuánto tiempo nos queda a nosotros como negocios en centros comerciales como para llegar a ese punto?

Me encanta, porque tu pregunta pareciera ser: ¿cuándo me voy a morir? Deberías preguntarme: ¿cómo le hago para abrir un negocio de comercio electrónico? Ten mucho cuidado en cómo planteas las preguntas porque eso demuestra lo que estás pensando.

Yo creo que todos debemos estar volteando a ver de qué manera queremos abordar el comercio electrónico en nuestros negocios.

Te voy a contar una anécdota rápida. Cuando publiqué mis primeros libros sobre el sector inmobiliario, la tentación fue querer mi libro en Amazon. La lógica era pensar que la gente se sorprendería porque tendría mi libro ahí. ¿Sabes qué comisión te quita Amazon cuando eres autor de un libro para vender libros electrónicos en su plataforma? ¡El 75%! Por eso el libro *50 lecciones en desarrollo inmobiliario* está en 45 dólares.

¿Qué pasó cuando terminé *Halcones de venta*? Ya no quise distribuirlo en Amazon. Más bien, fui por mi cuenta. Agregué valor por otro lado. Entonces, en lugar de venderte el libro, vendo el curso digital. Nuestra página de *e-commerce* te vende el curso con el libro. Ojo: yo no sabía nada de comercio electrónico. Nada. Pero, si sabes que eso es lo que viene, aprendes. Te mueves. Por eso, los directores del futuro deberían ir aprendiendo qué y cómo le van a hacer. Y hablo también a los que trabajan B2B.

En el futuro, 50% del mundo se moverá vía el *e-commerce* —según dicen algunos futuristas, que son amigos míos—, porque hay algunas cosas que todavía tendrán que hacerse en persona. La respuesta, en resumen: no pienses «cuántos años me quedan», mejor, «vamos a ponernos a chambear mañana en adaptarnos al *e-commerce*». Y, de verdad, las herramientas de hoy son tan sencillas que no hay excusa para quedarse afuera del comercio electrónico.

62. Mi problema es que quiero mejorar el concepto y darle un auge a mi negocio, que es un restaurante de tacos. Nuestro mercado es amplio. Es decir, bien puede llegar una persona en una camioneta de un millón de pesos, se estaciona y entra a comer. Luego, llega una persona a pie, o en taxi, y entra a pedir sus tacos. Entonces, a lo mejor, el de la camioneta de un millón podría sentarse a una mesa con mantel y con mesero, pero eso inhibiría al otro. Mi problema es que quiero hacer mejoras, pero sin afectar a mi mercado. Si bajo el nivel, uno ya no va a querer entrar, pero si le subo, el otro tampoco.

Es muy fácil. ¿Cuánto vale una orden de tacos? Digamos que 100 pesos. Lo que tú dices es: «Parte de mi mercado podría pagar 250 pesos por una orden, pero si las vendo así, me chingo». ¿Qué es lo que hago en mis cursos, por ejemplo? Aplico diferentes tarifas según la cercanía de la relación que tienen conmigo. Hay superfanáticos que están dispuestos a pagar diez veces más de lo que vale tu producto o servicio porque lo aman. En mi caso, tenemos una tarifa —la más alta— que incluye un saco. En el curso que di ayer, dos personas pagaron esa tarifa. Por supuesto, no esperaba que las cien personas compraran eso, pero esas dos fueron una superventa que vino de dos superfanáticos. Cuando aprendes a discriminar precio vas a ver que cobrarás justo la cantidad que cada cliente quiere pagar por ti.

> La verdadera pregunta se vuelve:
> ¿qué hago para mis superfanáticos?

Tienes que encontrar cómo vas a servir a esos superfanáticos o, en tu caso, al de la camioneta de un millón de pesos. ¿Cómo los vas a servir? Busca productos diferenciales. Por ejemplo, en un restaurante de Monterrey instalaron unos *lockers* en los que guardan cuchillos con el nombre de algunos clientes grabados. ¿Quieres uno de esos? Todo lo que te sirven en la mesa es con cuchillos personalizados. Ese *locker* en donde además guardan tus botellas vale 50 mil pesos. No es dinero que regala alguien por el espacio, sino más bien es de consumo adelantado, por un año. El punto es que, cuando alguien que pagó esa suma visita el restaurante, se refieren a esa persona como «un socio».

Lo mismo pasa con otro restaurante, en donde te preparan salsas personalizadas. Ellos ofrecen cinco chiles recién llegados de la India, que no existen en México, y la salsa te la preparan por 70 pesos. Ahí mismo molcajetean con los ingredientes y te explican su origen.

El producto déjalo como está, para que sea accesible al mercado, pero ofrece algo más. ¿Quieres la salsa personalizada? Ésa te cuesta más. Ponte a pensar y encuentra tu producto diferencial, ése por el que puedes cobrar extra.

63. Estoy empezando mi negocio y ya he desarrollado cinco casas. Me ha costado mucho trabajo venderlas. Ahorita tengo un desarrollo para seis y lo detuve. ¿Cómo puedo generar un concepto de algo que se pueda vender para llegarle a alguien en específico? Quiero hacer un portafolios para presentarlo a inversionistas y decirles: «Yo hago esto, préstame tu lana», para poder empezar a trabajar con el dinero de otros.

A ver, son varias tus preguntas. Voy a responder una a la vez. Lo que me preguntas es: ¿cómo hacemos un concepto ganador en el mercado? Ésa es la primera. La otra es: ¿cómo se lo presento a inversionistas?

Al final de cuentas, ¿qué significa una marca? Es la diferenciación al extremo porque nadie se puede llamar igual que tú.

> Si hablamos de diferenciación verdadera, la marca es el símbolo que podría generar un sentido de pertenencia. La marca que logra hacerlo ya conquistó el mercado.

Por eso se ha vuelto tan fuerte en los últimos años la palabra «tribu», porque la tribu genera sentido de pertenencia.

Pensemos en Harley Davidson. Es una cultura porque quien porta su marca y la lleva a todos lados es parte de una tribu. Ellos no les pagan nada por la promoción. El problema que tengo yo con muchas marcas es que no generan sentido de pertenencia. Puede ser bonita con un diseño refinado, pero si no hay un sentido de pertenencia, no sirve.

Para generar un proyecto inmobiliario que tenga ese peso de marca, debes crear eso. Te voy a poner un ejemplo. En Costa Rica se diseñó un edificio de departamentos y en tres meses no vendió nada. Entonces, se acercaron con nosotros para tratar de encontrar la razón. Lo primero que vi fue que no había un sentido de pertenencia con el concepto del edificio. Analizamos cuál era el mercado principal que había en la zona. Nos dimos cuenta de que Costa Rica tiene el índice de divorcio más alto de Latinoamérica. Es decir: un mercado de mujeres superdesatendido. Entrevistamos a varias y notamos que no se sentían identificadas con el producto. Así fue que hicimos el primer edificio para mujeres. Y no sólo mujeres: mujeres deportistas. A este edificio lo llamamos Sportiva.

Si yo te pido que diseñes un edificio, ¿qué le incluyes? Habitaciones, seguro un salón de eventos y quizá cosas demasiado estándar. Pero si te digo: «No, es que este edificio es para mujeres deportistas». ¿Qué le diseñarías? No me digas que un gimnasio. Si eres un deportista de verdad, no dices que «vas» al gimnasio. Ellos no dicen «soy deportista», sino más bien «soy *runner*», por ejemplo. Así es como logras diseñar amenidades específicas. En total, nosotros incluimos cuarenta actividades deportivas en el edificio. Contratamos vendedoras que además eran *trainers*. En tres meses se vendió el 80% del edificio. Porque hubo, otra vez, un sentido de pertenencia.

Tú quieres un conjunto de seis casas. ¿A quién quieres reunir ahí? Ésa es la pregunta que debes hacerte. ¿Qué tal si pudieras lograr que en las seis casas llegaran familias con niños de cero a seis años? ¿Qué les pasaría? ¿Quién se va a adueñar de la calle y de lo que va a pasar en el fraccionamiento? Estarías reuniendo a familias. Pensemos en una tribu de familias con hijos que quieran enseñarles música. Claro está que el fraccionamiento tendría su rayuela, parque y todo eso, pero aparte un lugar para acoger clases de música todas las semanas. Entonces sí que vas a provocar ese sentido de pertenencia. Digamos que el proyecto se llamaría: «Casa sónica». Ya tienes una marca.

El punto es encontrar la tribu específica, pero tú tienes la lectura local de tu zona. Tú debes hacer el diagnóstico. Y con respecto a los inversionistas, ahí tienes ya algo que mostrarles.

64. ¿Cómo llevo todas tus ideas para venderle mi producto a un señor que ya tiene cincuenta y cinco años y está en su tienda? ¿O debo cambiar mi prospecto de cliente? ¿Cómo hago para aterrizarlo? ¿Cómo me puedes ayudar con eso?

Me encanta tu pregunta porque en mi curso de agencias digitales vimos que cerca del 90% de las personas en México tiene redes sociales. Sí, hay un 10% que no usa redes sociales, pero si tu mercado está en ese porcentaje, ni te molestes en leer mi libro *Halcones de ventas*, ni en tomar mis cursos sobre marketing digital.

Creo que tomando en cuenta ese casi 90% de penetración, es ahí donde debes buscar tu público. Deja el egoísmo a un lado.

> No se trata de vender tu producto, a nadie le importa. A los clientes les importa que los puedas ayudar en algo, que les resuelvas un problema.

Por lo tanto, vamos a pensar en tu cliente, el dueño de una tiendita, ¿cuáles son sus problemas? ¿Cómo hace para manejarse contra la competencia? ¿Cómo hace para generar más dinero de una tiendita? ¿Cómo hace para reducir los costos de su tiendita? ¿Cómo se hace para administrar una tiendita? ¿Cuánta rentabilidad debería dar una tiendita? ¿Debe colgar un letrero afuera de la tiendita para promocionarla? ¿Debe hacer volanteo? ¿Debe promocionarse en redes sociales? ¿Debe contratar una persona para la tienda? ¿Cómo se contrata una persona? ¿Cómo se despide? Todos son problemas que podrían pesarle.

> Recuerda que la clave está en resolverle un problema puntual a tu cliente. Nunca dejes de hacerte preguntas en este sentido.

Te aseguro que si tú te dedicaras a resolverlos, por ejemplo, en un canal de videos que se llame «El canal de las tienditas», con diez mil seguidores que piensen que sabes muchísimo sobre tienditas, tu producto pasaría a segundo plano, porque les vas a vender muchas cosas más. El problema de esta metodología es que no es inmediata. No te prometo que vas a salir de esta charla ya vendiendo.

El poder de las redes sociales es increíble. Yo imparto cursos a miles de kilómetros de mi oficina para trescientas o cuatrocientas personas gracias a ellas. Sólo debes encontrar las formas de hacerlas funcionar y la forma de hacerlo es resolviéndoles problemas a tu tribu. Tú ya tienes clarísimo quién es, sólo te falta comenzar a ayudarlos.

65. Tú hablas de brindar una experiencia de venta, pero no se me ocurre qué puedo ofrecer al vender propiedades. ¿Qué podría ser extraordinario si lo que importa son las características de la propiedad?

Te voy a dar de ejemplo una experiencia transformadora que viví. Un día, por la mañana, fui a visitar un proyecto inmobiliario de varias casas en el que íbamos a hacer unos estudios. En la entrada del fraccionamiento, un guardia me dijo que no podía entrar y me pidió volver más tarde. No le di mucha importancia y me fui a seguir con el día. Regresé solo, a las cinco o seis de la tarde, justo al atardecer, pero me di cuenta de que las luces de las casas estaban apagadas. Todas. Me acerqué al guardia y pregunté si había algún problema. Me dijo que ya podía pasar. A oscuras. Luego de unos pasos, el guardia a mis espaldas me pidió que entrara a la primera casa. La de muestra.

Abrí la puerta de la casa y la vi vacía, sin muebles, nada, pero repleta de velas encendidas que formaban un camino a las escaleras. La verdad es que dudé un momento. Pero el guardia estaba afuera y por alguna razón preferí seguir el camino.

Subí los escalones y en la planta superior di con otro camino de velas que me llevaban a la habitación principal. Pensé de todo.

Cuando llegué a la habitación, me encontré con una mujer de unos cuarenta y tantos años, sentada sobre un tapete de yoga y en posición de flor de loto, a la que no pude verle los ojos entre el claroscuro. Me dijo: «Vienes a ver las casas, ¿verdad?». Le respondí que sí. Me dijo que no me podía enseñar la casa hasta que mi energía estuviera alineada con la de la casa, por eso, me pidió sentarme frente a ella, sobre otro tapete. Me dijo que debíamos respirar juntos porque sólo en la alineación de mi energía con la de la casa podría entender lo que esta representaba y transmitía. Seguí lo que dijo. No sé cuánto tiempo pasó, pero fueron varios minutos en silencio. Cuando sintió que mi energía se había alineado, me dio un gran recorrido y, además, tuve la oportunidad de conocer el increíble y poderoso mundo del yoga.

Con esto te quiero decir que una venta sólo se logra a través de:

> ### Experiencias memorables y auténticas.

Experiencias que nos transportan a otros lugares, que nos ayuden a descubrirnos a nosotros mismos.

> ### Experiencias que se quedan sembradas en lo profundo del cerebro, de lo emocional, que es donde tomamos decisiones.

¿Entiendes el punto? Trata de lograr experiencias auténticas y memorables.

66. ¿Cómo capacito a los vendedores para que estén a la altura del comprador informado?

Lo primero es pensar qué va a decir el vendedor. Cuando vas a comprar un vehículo y ya hiciste tu investigación, viste los precios de los modelos, las características, y te decidiste por uno. Estás, como dices, informado. Así que, cuando lo estás viendo en el salón de exhibición, no esperas a que llegue el vendedor y te diga las ventajas de su volante o cuánto combustible consume. Tampoco que te hable de las llantas. Antes de realizar una compra, tú ya hiciste tu investigación y puedes llegar a conocer un 75% del producto, el restante 25% es lo que te tiene que poder contar el vendedor.

LEAD PROCESSING

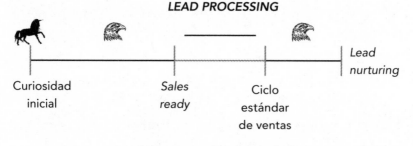

CAMPAÑA DE *LEAD* *NURTURING*

En el mundo del pasado, en donde el vendedor era dueño de la información, debía éste empezar desde lo más básico. En el mundo de hoy, en donde el cliente es el dueño de la información, lo que espera del vendedor es que le diga lo más novedoso del producto. Cuando te sientes dentro del vehículo que quieres comprar, vas a empezar a ver los detalles, los botones, cosas que no sabes para qué sirven. Entonces, lo que esperas es que el vendedor inicie con lo más novedoso, lo más sorprendente. Por ejemplo, un sistema que te permita estacionarlo solo. Capacita a tus vendedores para que destaquen lo sobresaliente del producto, lo que el cliente ni se imagina que puede comprar, lo que es novedoso en la gama de producto que está vendiendo.

67. ¿Cómo hago para que un vendedor entienda la importancia de la experiencia de compra?

No entienden que la experiencia de compra debe ser auténtica, personalizada, pero, sobre todo, memorable. Y además piensan que es algo que marketing, el dueño o el proyecto debe generar, cuando son ellos mismos los responsables.

Déjame que te cuente una historia de un vendedor que me sorprendió y yo creo que con eso vas a poder explicarles a ellos cómo deben hacerlo. Un día llegué a un desarrollo inmobiliario, entré y en el *lobby* le dije a la persona que me recibió que iba a ver el emprendimiento. Me llevó con el vendedor y vi que éste partía un mazo de cartas con las manos como un *dealer* de casino. Me senté y vi que él seguía concentrado en su baraja. Yo lo sentí como una falta de respeto. De repente, se detuvo. Mostró su baraja y me preguntó: «Si fueras una carta de la baraja, ¿qué carta serías?». Respondí que el nueve de diamantes y luego le pregunté qué tenía que ver eso con el desarrollo que yo había ido a ver. Me respondió que una de las leyendas dice que cada palo surgió a partir de cuatro tipos de personas: las de corazón son las que creen que su vida se mueve alrededor de los sentimientos; las de espada son los guerreros, que creen que en la vida todo se logra a base de fuerza; las de trébol cree en lo sobrenatural, en el misticismo, las energías; y las de diamante son los científicos, quienes creen que hay una explicación racional para todo. Además, hay dos mundos: los números son el mundo de la gente que logró algo gracias al mérito propio; y las figuras, que son quienes heredaron lo que tienen. Cuando terminó de explicarme la historia, me dijo: «Tú has hecho bastante con tu vida y eres una persona racional, así que vamos a platicar el proyecto como a ti te gusta». Cuando estaba a punto de irme, le pedí una cotización y me dio el *brochure* con un nueve de diamantes engrapado. No me di cuenta cuándo lo hizo. Pero la historia no termina ahí. Cuando llegué a mi carro, en el parabrisas había otro nueve de diamantes.

¿Por qué te cuento esto? Porque son estos detalles los que se vuelven experiencias memorables, los que hacen toda la diferencia. Y éstos están 100% bajo el control y la responsabilidad del vendedor.

Talento y socios

68. ¿Cómo cambiar el organigrama tradicional de mi organización a uno con líderes y socios, y que a la vez me permita crecer ágilmente?

Si has seguido mi contenido, sabes que diseñamos un nuevo modelo de organización que llamamos Organizaciones Neuronales de Crecimiento Exponencial (ONCE). Ésta es una nueva forma, completa, de ver las empresas, y parte de repensar tu organización como una serie de emprendedores alineados.

¿Cuál es la diferencia entre emprendedor y empleado? El emprendedor es un socio. Si eres socio de algo, entonces hay un *accountability* diferente, es decir, que tú (el socio) eres responsable del resultado. El enorme problema que padecemos las empresas chicas es que a quienes están «abajo» les importa un carajo el resultado final de tu negocio porque son empleados, no se ven como socios. En cambio, si los elevas a nivel de socios tienen *skin in the game,* como le llama Nassim Taleb, es decir, se juegan la piel contigo.

Cuando yo digo la palabra «socio», muchas personas de inmediato piensan en las personas parte de la S. A., con sus nombres en el acta constitutiva, etcétera. Pero no tiene nada que ver con eso, sino con los dos principales objetivos que debieras tener: crecimiento y rentabilidad.

Te voy a contar sobre mi empresa de consultoría y cómo fui creando este esquema.

Hoy ofrecemos una serie de productos, pero empezamos primero con uno, un servicio de consultoría. Conforme fuimos creciendo y acomodándonos a las necesidades de mis clientes, fuimos generando otros productos y servicios. Ya son trece servicios/productos diferentes y pueden seguir creciendo.

En algún momento, cuando tenía bien definidos varios de los servicios, empecé a pensar: «¿Y si trazamos una línea de geografías?». E imaginé las que podría incluir.

Ahora, pensemos en ti. Digamos que tu geografía uno es Guadalajara. Tu oficina, basada en la geografía uno, tiene el potencial de llevar cuatro clientes. Si hubiera otra oficina en Querétaro, también ofreciendo el servicio uno, podría generar lo mismo que la de Guadalajara. Esa geografía debería correr a cargo de algún socio. ¿Quiénes son tus socios? La persona que brinda uno de tus servicios es un socio, pero también el que está a cargo en alguna de las geografías.

En mis organizaciones, a los socios de las distintas geografías (oficinas regionales) les doy un porcentaje alineado al crecimiento y a quienes brindan los servicios igual, pero alineado a rentabilidad.

Si dibujas el cruce entre geografías y servicios, se verá como una enorme matriz, en la que los socios de servicios se cruzan con los regionales y, como en cada región se ofrecen varios servicios, se van sumando unidades de negocios.

> Ya no ves un organigrama clásico o jerárquico con un CEO y gerentes de zona, sino más bien una red de socios.

Aquí no me alcanza para ver todos los detalles del modelo, pero con lo que te acabo de contar te puedes hacer una buena idea.

Al final de cuentas, el 80% del dinero que reciben todas las personas dentro del esquema es variable. ¿Qué quiere decir esto? Que ese porcentaje de mis cabezas, que son los sueldos altos, en realidad están variabilizados. Cuando cuento esto, enseguida me preguntan cómo evito la fuga de talentos. Tengo presentes dos cosas importantes: la primera es que el mismo esquema variable les genera más ingresos que los sueldos tradicionales, y la segunda, es que se están volviendo parte de algo más grande que ellos. Lo más poderoso es que con este esquema todos pueden ver claramente cómo jalamos todos para el beneficio común. Cuando se convierten en socios se vuelve un tema de hermandad.

Trabajar así es un cambio de *mindset*: debes crear emprendedores dentro de tus organizaciones, es lo que hace toda la diferencia. Y, una vez que logras alinearlos con este esquema de matriz y la variabilización, empiezas a ver resultados que ni tú, ni ellos se imaginaban. Me tomó ocho años ejecutar la matriz, un proceso de cambiar, cambiar y cambiar hasta lograrlo. Con esto que te acabo de contar, a ti te debería tomar mucho menos, pero no por ello pienses que es fácil, requiere de buen ojo para reclutar y sobre todo para desarrollar a las personas.

69. ¿Qué puedo hacer para empoderar a mi equipo? Quiero que se desarrollen esos líderes de los que tú hablas.

Te lo voy a explicar como si fuera un manual para trabajar con tu talento, sobre todo, tu primera línea de líderes. Te voy a decir cuáles son los seis ingredientes que, para mí, son críticos en este tema.

1. **Valores compartidos.** La incompatibilidad de caracteres es insustentable en cualquier equipo. Deben saber hacia dónde van caminando y seguir el mismo camino. Es simple, pero no sencillo.

2. **Objetivos claros.** Un ingrediente que parece hiperbásico, pero no lo es. Pregúntate: ¿sabe tu gente cuál es su objetivo?, ¿cuál es su meta para los próximos doce meses o para los próximos cinco años? Todos los líderes en mis organizaciones saben cuál es la meta de los próximos cuatro trimestres que enfrentan.

3. **Capacitación y entrenamiento.** ¿Cuánto del total de tu nómina inviertes en capacitación? Si está en cero, olvídate de un crecimiento en ventas.

4. *Feedback.* Este ingrediente tiene que ver con cómo manejas la relación personal, uno a uno, con tu gente. No tienes idea de lo importante que es dar retroalimentación de forma correcta, sentarse con la persona y tomarse el tiempo de decirle, de manera apropiada, en qué está fallando y cómo puede mejorar.

5. **Mentoría.** Esto implica ayudar a tus colaboradores a que crezcan, a que se desarrollen hacia donde quieres llegar. Esto implica de verdad meterse en sus zapatos para ayudar y dejar de hablar y escuchar. Es una parte fundamental.

6. **Evaluaciones concretas periódicas.** Éstas tienen que tener KPI y métricas transparentes. Es decir, números que sean claros para todos, que sepan a qué se refieren y te digan con claridad cómo vas.

Si entiendes y ejecutas este círculo virtuoso de talento, entonces, vas a empezar a ayudar a cada persona con la que trabajes a crecer, la vas a empezar a desarrollar y podrás pedir y obtener ese *accountability*. Al final de cuentas, no se trata de darle más responsabilidades o tareas a tu gente, se trata de desarrollar al tipo de talento que estás buscando.

70. ¿Dónde y cómo puedo conseguir el talento que necesito?

Ésta es de las preguntas más difíciles en la vida del emprendedor. Primero, entiende que debes buscar un balance de talento, es decir, 80% «fuerzas básicas» y 20% reclutamiento de la calle.

> ¿Cómo crear talento a partir
> de fuerzas básicas?

Necesitas reclutar gente superjoven. Contrata a muchos practicantes para que de ahí salgan unos pocos diamantes en bruto. Ofrece charlas a universidades en donde enamores a los jóvenes de tu visión. Pídele a los más jóvenes y más chingones de tu empresa que te ayuden a reclutar chavos como ellos, diles «tráete a amigos que sean como tú» y recompénsalos cuando lleven a un buen elemento. Los practicantes te cuestan poco y, además, la mayoría tienen hambre y te puede sorprender de lo que son capaces.

Los tienes que ir observando, dejándoles retos y registrar sus respuestas. Cambia a quienes no respondan bien y ofrezcan excusas, quienes no sepan ejecutar o no sean proactivos.

Sin embargo, debes cuidar, guiar y darle mentoría a aquéllos con potencial, que resuelven los problemas sin necesidad de sentirte detrás de ellos, proactivos y ambiciosos. Cuéntales lo que quieres lograr y a dónde pueden llegar, dales responsabilidades, déjalos operar solos un proyecto o una unidad de negocio pequeña, asígnales a un par de personas a su cargo para que empiecen a desarrollarse como líderes. Todo con tu mentoría.

El punto es que tú los formes, que se curtan en casa, porque necesitas eso para crecer, gente que refuerce tu visión y la cultura que quieres lograr. Es muy difícil encontrar eso con el reclutamiento convencional, me atrevería a decir que hasta imposible. Así que no es algo a lo que puedas sacarle la vuelta.

Sin embargo, a veces sí necesitas reclutar en el mercado, aunque existe un gran problema con eso.

Vamos a pensar que diseñas un puesto y decides que a quien lo ocupe le vas a pagar 120 mil pesos al año. Es decir, 10 mil al mes. Si publicas la vacante en el periódico, en LinkedIn o donde sea, ¿qué nivel de gente responderá? Personas cuya expectativa de vida está por debajo de los 10 mil pesos. Es decir, es una persona que cubre su vida con unos 8 mil pesos. Digamos que contratas a alguien que buscó ese trabajo y, al poco tiempo, te quejas porque no quiere más. ¿Ves a dónde voy? ¿Cuál es el secreto entonces para encontrar gran talento en la calle?

Lo que hace la diferencia es cómo y dónde buscas a esas personas. Y esto se logra de diferentes maneras, en realidad no es un secreto, sino tres.

1. Si vas a contratar una persona de 10 mil pesos, publica un anuncio de más o menos 25 mil. Te van a llegar

personas con ganas de ganar al menos esa cantidad. Diles que son 10 mil con la posibilidad de ganar al menos 25 mil. ¿Cómo trabajará entonces esa persona? Con euforia por ganar más. Ésa es la energía con la que alguien demuestra su hambre. Tu trabajo es lograr que la persona acepte trabajar por ese sueldo. Tu chamba en este proceso: encontrar talento por encima del sueldo base que puedes pagar y venderles el puesto.

2. El segundo secreto —y ha sido uno de mis aciertos—, es que, en lugar de contratar a otros empleados que buscan trabajo de empleados, contrata a microempresarios frustrados. A ellos plantéales la pregunta: ¿para qué te la partes en tu empresa cuando conmigo puedes ganar más dinero? Ésa ha sido una forma muy útil de reclutar.

3. El tercer secreto es el reclutamiento pasivo. Debes entender algo: el mejor talento está empleado. Esto quiere decir que, si quieres acceder a buen talento, debes buscar a personas que no estén buscando trabajo, es decir, «en estado pasivo». El problema es que nos encanta contratar gente sin trabajo porque son más baratos, pero por algo están sin trabajo. Quizá no son los mejores. En estos casos, sólo cuando necesites a un talento específico, debes diseñar un esquema atractivo de compensación total garantizada, con el que puedas garantizarle a ese buen talento una compensación atractiva durante los primeros tres o seis meses, tiempo suficiente para que esa persona se adapte y empiece a generar el valor necesario para pasarlo al esquema de variabilización que ya hemos hablado y que deben tener todos tus líderes.

En la medida en que la cultura de trabajo y tu propuesta de valor al empleado, tu EVP (*employee value proposition*), sean poderosos, nunca tendrás problemas de reclutamiento.

Siempre digo que las organizaciones deben tener más clientes de los que puedan atender y más personas de las que puedan contratar. Yo mido nuestro EVP por la cantidad de currículums no solicitados que nos llegan al mes. Hoy nos llegan más de trescientos currículums mensuales porque se enteran de lo que estamos haciendo, de la magia que traemos.

71. ¿Cuál es el recorrido dentro de una organización para que alguien se convierta en líder?

Cada semestre incorporamos a mucha gente joven, que entra en posiciones satélites de un líder. De ahí, identificamos a los de alto potencial. De hecho, existe una matriz que se llama *nine box* en la que se entrecruzan en el eje horizontal los resultados y, en el vertical, el potencial, es decir, qué tanta hambre trae esa persona, qué tanta madera le vemos para ser líder. Cuando vemos a alguien con potencial, le decimos que nos gusta para líder y le echamos la lupa encima. Después de un proceso, el director general, que está siempre inventando negocios nuevos, dice: «Ya traigo una esfera nueva, una unidad de negocio, ¿quién la quiere?», y el director de operaciones, quien da servicio a los líderes, selecciona a quien más le guste y le da la esfera, con el riesgo de que la truene, claro. El punto es que todos los que están allá, de *minions*, aspiran a ser líderes de un nuevo negocio.

Ese colaborador ahora lleva más riesgo, pero también más posibilidades de crecimiento. Una de las mentiras de las escuelas de negocios que incluí en mi libro anterior es que es imposible que los líderes de las empresas tradicionales tengan el sueldo fijo más alto. Son los más cómodos y no van a esforzarse para que la empresa crezca. Hay que mover a los líderes a la incomodidad. En mis empresas no damos esos sueldos base a los líderes porque entendemos (y ellos también) que los resultados y sus sueldos dependen de ellos.

Si no hay unidades nuevas de negocio creándose, entonces el modelo no funciona.

> El director general debe crear siempre nuevas canchas de juego, sean nuevos negocios o nuevas geografías.

En la medida en que esa red aumente, habrá más posiciones para los empleados, y también una rotación natural y la necesidad de atraer gente nueva. Es tu responsabilidad crear los espacios en tu organización para que todos tengan por lo menos la aspiración y la posibilidad de ser líderes. No todos lo serán, varios se irán quedando en el camino o estancados, es un proceso de selección y filtro que se da solo.

72. ¿Cómo hago si un colaborador leal me dice que quiere crecer en mi empresa, pero no ve cómo y, sinceramente, yo tampoco?

El trabajo de ese colaborador será empujar y pedir más retos. El problema principal de un líder es cuando el fundador no le está dando suficiente campo de acción, eso lo hará sentir incómodo. Por lo tanto, su trabajo es empujarte a ti.

Por ejemplo, yo a veces me siento cansado y no tengo la misma necesidad económica, nada que me requiera trabajar tantas horas como lo hago, pero los líderes en mi equipo seguido me hacen sugerencias, me dicen lo que nos falta, y me empujan a ir por más. A veces, el ritmo, el momento de cada persona, es diferente, entonces aprovechan (el equipo) su momento para presionarte y tú debes darle espacio para que lo digan y lleven a cabo lo que proponen.

¿Cuál será su camino? Convertirse en líder de una unidad de negocios. De ahí podrá tomar la decisión de irse a vivir a otro lado y convertirse en socio regional, pero se quedaría en esa región. El siguiente camino será convertirse en director de operaciones y tendrá todo bajo control.

> Si las cosas salen bien, llegará el día, como me pasó a mí, en que su director de operaciones les dirá: «Ya no te necesito, así que te me largas a la chingada» y podrá pasar a ser el director general.

Déjame hacer un paréntesis para contarte una historia. A mí me sacaron de 4S Real State. Un día estaba con Nacho, mi socio, revisando los números, y me dijo: «Carlos, yo ya estoy listo para el siguiente puesto». Yo le dije: «Pues si ya no hay siguiente puesto, el único puesto es el mío». Me contestó: «Por eso, quiero tu puesto, creo que es momento de que te vayas de la empresa, porque ya puede funcionar sin ti».

En primera instancia lo vas a sentir como un ataque directo, te va a doler en el ego, pero cuando lo reflexionas y lo entiendes, te das cuenta de que es a lo que debería aspirar cualquier emprendedor, a graduarse de su empresa. Hay un frase que me gusta:

> «Construye un equipo para que, quienes lo vean desde afuera, no sepan quién es el jefe». Ésa es una gran aspiración y una fórmula para dejar andando un negocio y tú brincar al que sigue.

Hay gente —entre la que me incluyo— que es visionaria para armar negocios, pero pendejos para operar. Si eso pasa, ten la humildad para dejar que otro ejecute el plan. El problema es que no todos la tienen. Yo me hubiera quedado toda la vida en 4S Real State si no me hubiera pasado eso. Es un problema de mentalidad. Lo que un verdadero líder fundador debe decir es: «Confío».

Lo que te toca a ti es evaluar lo que se espera de ese líder que tarde o temprano te reemplazará, «coachearlo» y luego revisar los resultados con frialdad. Pero ojo, si al dejarlo hacer y ejecutar resulta que no funciona, que no quería crecer o le falta madera para ejecutar, revisa los números. Éstos no mienten y te lo van a gritar a la cara, así que tendrás que tomar decisiones difíciles. Muy probablemente se tendrá que ir si no alcanza los resultados.

En caso de que no quieras arriesgar mucho al ceder la operación de una unidad de negocios importante, es posible comenzar con una más pequeña. En resumen, tu colaborador ya te planteó que quiere un desafío mayor, está en ti determinar qué reto será ése y luego tener la humildad para dejarlo actuar.

73. Estoy en un mercado muy competido. ¿Cómo puedo retener al personal si no le puedo aumentar el sueldo?

Tienes tres opciones:

Uno: hay mercados más competidos que otros, en los que todo el mundo se pelea el talento. Por ejemplo, el de programadores y tecnología. Y ¿qué pasa cuando un mercado es muy demandado? ¿Qué pasa con el precio? Si hay mucha demanda, el precio sube. Por lo tanto, si estás en un mercado competido, tendrás una presión inflacionaria antinatural. Reconozcamos eso de entrada. Dicho eso, en un mercado ultracompetido, ¿cómo debe ser tu propuesta de valor? ¿Qué pasa con las de los mercados más fuertes? Se vuelven más sofisticadas. Si analizas la propuesta de valor que te arroja una empresa en Estados Unidos o en Europa y la que ofrecen las empresas de cualquier mercado Latinoamericano, ¿en dónde es más sofisticada? En Estados Unidos y Europa por la presión de la competencia. Si compites en un mercado global de talento, ultracompetido, debes sofisticar mucho más tu propuesta de valor al empleado (EVP).

Otra cosa es que debes tener claro que hay una diferencia sustancial entre la propuesta de valor al empleado concebida y la propuesta percibida. Lo concebido es tu perspectiva y piensas que es chingón. Pero, del otro lado, yo como empleado percibo algo diferente a lo que tú concibes. Tu propuesta de valor al empleado no es tan sólida como crees. Por ejemplo, para desarrolladores de *software*, tu EVP es insuficiente. Tienes que pensar: «¿Qué más les puedo ofrecer?».

Siempre hablamos de propuesta de valor al empleado en tres dimensiones. Dinero (la palabra «sueldo» no me gusta), beneficios y crecimiento personal. Si no puedes competir en dinero, la única manera con la que puedes tratar de robustecer tu propuesta es con beneficios y propuestas de crecimiento personal. Si hablamos de un mercado ultracompetido, además debes buscar la diferenciación. Es decir, algo nuevo, radical, que sólo tú ofreces, y que te reconozcan por eso.

Por ejemplo, en su momento, Google ofreció su 70-20-10, algo que nadie había hecho. El 70% del tiempo laboral corresponde a los proyectos asignados, el 20% para apoyar proyectos que le interesen al empleado y el 10% para recreación.

Dos: ten claridad en el plan de crecimiento personal. Los beneficios y las propuestas para crecimiento personal deben ser contundentes. Es necesario trazar una visión personal para los colaboradores. Con ella sabrán en dónde estarán dentro de dos años, cuánto van a ganar y por qué. Ya dije esto en otras preguntas, pero lo repito: en el futuro todos tienen posibilidades de ser emprendedores dentro de las organizaciones. No quiere decir que todos van a ser emprendedores, pero tienen la posibilidad.

¿Cómo le comunicas a tu gente la posibilidad de su crecimiento personal? ¿Sabes cuántos brincos ha dado en los últimos dos años alguien de mi empresa? ¡Cinco o seis! Esto es con cambios de puesto completos, responsabilidades y atribuciones nuevas. Más y diferente gente a su cargo.

Hagamos una comparación: tu empleado, que entró a trabajar contigo, dio dos pasos en dos años. Del primero al segundo, ¿cuánto subió su sueldo? ¿30%? Mientras tanto, mi empleado, en una empresa chica, pero más dinámica, ha dado seis brincos. ¿Cuánto ha subido su sueldo del escalón uno al seis? Más o menos un 900%. En las empresas chicas gozamos de mayor flexibilidad y yo no tengo problema en pagar el doble. Te aseguro que mi empleado gana cuatro veces más de lo que ganan sus amigos de los corporativos, pero aquí él mismo lo genera.

Acelera las ventanas de crecimiento para que haya una motivación adicional.

Tres: no me gusta, pero es opción al final, retención de bonos. ¿Qué es lo que hacen los corporativos tradicionales? Ofrecen un bono y lo «patean» al año siguiente. Es decir, usan los bonos para correrlos por años. ¿Por qué? Porque si sale de la empresa ¿qué pasa? Los pierde. Es una manera forzada de lograr retención. Aunque no me gusta porque es una zanahoria que nunca nadie termina de alcanzar.

74. ¿Cómo hago un buen acuerdo o contrato para mover a un líder a socio regional?

Por lo general, primero debes planchar las condiciones con la persona, sin contrato de por medio. Platica, llega a las conclusiones, todo hablado y escríbelo como preacuerdo. Hago eso y esa hoja se la doy a los abogados para que lo conviertan en contrato.

Pero tienes que echar números antes de hablar con tu futuro socio. Con calma. Analiza las unidades de negocio, a la persona, el porcentaje que le toca. Determina qué pasaría si el negocio crece o si no crece. Estudia todas las opciones, haz buenas planillas de Excel, así de simple. Si ya estás tranquilo con los resultados, ahora sí, te reúnes para plasmarlos en el contrato.

Sin embargo, y ahí es en donde se equivocan en el manejo legal, la gente suele decir que primero lo hablarán con su abogado. Y, ¿qué hace el abogado que es amigo tuyo (además de un perro)? Redacta un contrato leonino a tu favor. Yo no me quiero chingar a nadie. Es decir, yo creo relaciones de largo plazo, quiero que estemos felices las dos partes. Por eso, primero llego a un acuerdo con ese futuro socio, con los puntos acordados, y luego le pido al abogado que eso lo vuelva contrato. Siempre llevo el proceso legal acompañado de mi futuro socio. Si la persona vive en Tijuana, por ejemplo, vamos juntos con el abogado, platicamos los acuerdos, y él también habla con el abogado. No usamos dos, sino uno, nuestro abogado. El contrato se firma hasta que ambos nos sentimos bien con el documento.

Eso sí, somos estrictos cuando hay un incumplimiento de contrato. En ese momento, notificamos al socio para ver si tiene una respuesta. Si no la tiene, se puede poner duro. Nosotros hemos roto relaciones con dos socios regionales. Tú tendrás que estar preparado para hacer lo mismo.

75. ¿Cuál es la diferencia entre licencia y franquicia? ¿Cuál debo usar para hacer crecer mi negocio?

Es una gran pregunta. Franquicia significa lineamientos, órdenes, imposición de procesos. En cambio, la licencia es un contrato en el que tú defines cómo quieres ejecutar un préstamo de una marca. Este esquema implica regalías por el uso de marca.

Vamos a ver cómo lo estructuro yo en tres escalones.

Mi primer escalón es el de representante regional: una persona sola, que quiere trabajar y que gana un porcentaje. El segundo escalón se llama socio regional: en donde ya obligo a la persona a que contrate al menos a otra persona para tener a su cargo, para que arme un equipo. El tercer escalón le llamo oficina regional: una empresa que se suma a mi empresa. Ahí ya hay algo, poco, pero algo de inversión.

Veamos un ejemplo de cómo haría esto yo con un restaurante.

Si quieres crecer un restaurante es porque ya sabes dónde montarlo, cómo, y cuál es su estructura. Entonces, yo lo montaría y dejaría a una persona (representante regional) a cargo. Esa persona no necesita invertir, pero se llevará un porcentaje de las ventas que tú determines justo. Esta primera etapa toma unos doce meses, lo que tardo en conocer a la gente y saber si son buenos. En general, querrás saber si es honesto, si es bueno con la gente, si es capaz y tiene talento. Si es la persona ideal.

De ser así, el siguiente paso es hacerlo socio en financiamiento (regional). Vamos a suponer que habías definido darle el 7.5% de las ventas. En este paso te tocaría bajarle el porcentaje, digamos que a 5%, y luego darle otro 5% como sueldo, pero que irá destinado a pagar el local, para que luego se lo quede. Para efectos prácticos, digamos que montar el local cuesta un millón. Vamos a suponer que, con su porcentaje, le tomará veinte meses. Si se porta bien, luego de veinte meses el local es suyo y, entonces, ahora sí se convertirá en tu licenciatario número uno. En este punto te va a pagar sólo el porcentaje de regalías. Tú tienes un porcentaje de las ventas y a una persona que la fuiste controlando durante cierto tiempo, fiel a tu negocio.

Éstos son los socios de corazón, los que limpian los platos cuando el garrotero faltó. ¡A ellos quieres de socios! A quienes demuestran primero que lo valen. Ya luego firman el contrato de licenciamiento. Si haces bien esto vas a recibir dinero por haber creado el sistema. Dicho eso, ¿qué sería para mí lo más importante? Decirle: «Cuando tengas tu restaurante, yo te pongo otro». Y regresas al primer escalón.

> Tu chamba será encontrar a quienes valgan la pena. Al final, es un tema de valores. Es un tema de personas.

Y a veces nos olvidamos de la importancia de eso. Las cualidades de una persona son la diferencia en el largo plazo. Yo tengo doce socios armados, seis en vías de firmar.

En este esquema escalonado tú puedes controlar el crecimiento de la marca, que las personas sean las correctas y a quién vas a tener de socio en el largo plazo. Si durante el proceso, en cualquier momento, el socio es antiético, tienes el derecho de mandarlo a la chingada, al menos hasta el segundo escalón. Porque en el tercero ya son una empresa. Ahí ya están al mismo nivel que tú, pero para entonces ya sabrás si la relación de largo plazo tiene altas posibilidad de funcionar.

Ahora imagínate esta analogía en tu negocio. Encuentras a un mesero que le veas potencial y le dices: «Te voy a hacer un gerente-socio»; luego: «Te voy a poner tu restaurante». Imagínate la historia de ese mesero que salga a decir: «Él me dio la oportunidad». Ahí es cuando recibirás a muchas personas dispuestas a crecer contigo.

76. Estamos promoviendo a las personas en mi empresa con rapidez, ¿cómo propones que haga para que se motiven y pueda retenerlos? y ¿cómo consigo la gente adecuada para cubrir los puestos que quedan vacantes?

Si suben rápido es porque tu empresa está creciendo. Eso debería darte la oportunidad para colocar a tus líderes en espacios ya sean regionales u operativos, motivarlos y retenerlos.

Es cierto que hay un tipo de personas y de puestos que no son de liderazgo. Esas personas y esos puestos tendrán rotación, ni hablar, no te desgastes con ésos, no puedes gastar tus balas en tratar de retener a todos.

> Tienes que reconocer la existencia de líderes que no se te pueden ir porque son los motores de tu negocio. Si es un líder que genera, no se puede ir.

Aquí es cuando comienza el desafío: tu capacidad para encontrar el reemplazo cuando alguien se va. Debes entender que parte de tu liderazgo es armar un gran equipo. A mí me ha ayudado no tener área de Recursos Humanos, porque luego la tendencia es descargar en ellos una responsabilidad que es mía y de nadie más. Yo tengo un área de administración de nómina y ya.

El talento hoy es importantísimo. Por eso, para mí, los recursos humanos deben ir embebidos en el liderazgo, en todas las posiciones que tengan gente a su cargo. Eliminar el área de RH hizo toda la diferencia en mi caso. Es el líder quien sabe a quién quiere y para qué. Debe intuir que alguien valioso de su equipo se irá o que él mismo está cerca de ser promovido y desde ese momento planea ambos reemplazos. Por ejemplo, mis líderes publican vacantes cuando no las hay. Es una preparación constante para el siguiente paso de crecimiento personal y del negocio.

77. ¿Qué quiere decir *accountability* y por qué dices que es crítico para cualquier empresa?

Cuando hablo de *accountability* no quiero decir que se trata de llegar un día a la oficina y pedirle a tu gente resultados y ya está.

> *Accountability* es que tu gente se comporte como dueño de la unidad de negocio, que entienda que los resultados son suyos, no tuyos.

Es volverse dueño de un resultado.

Cuesta lograr que entiendan eso los colaboradores. Y el problema por lo cual no se logra no tiene que ver con la cultura de la gente, sino con la del líder que llega el primer día a la oficina, se sienta en la silla de ejecutivo y comienza a decir a cada colaborador lo que debe hacer. Eso es lo opuesto a desarrollar *accountability*. Si de origen el líder da órdenes, entonces, ¿de quién crees que piensan los demás que es la responsabilidad de la unidad de negocio? Necesitas dejar de dar órdenes y desarrollar ese *mindset* de que todos y cada uno de nosotros somos dueños de los resultados.

Por ejemplo, en i11 yo no tengo oficina. Recuerdo una conversación que tuve con mi director de operaciones cuando estábamos haciendo la nueva oficina de i11. Lo primero que me preguntó fue: «Bueno, ¿y me va a tocar diseñar mi oficina?». En su mentalidad, el haber llegado a un grado superior, donde ya tiene equipo a su cargo, era «ya voy a tener una oficina», y le dije: «No, olvídate de eso, aquí nadie tiene oficina». Y él me ha visto, yo me siento donde se sienta el practicante o un analista, estoy al lado de ellos.

Ése es el mensaje que debes mandar a tu gente: «Tú y yo jugamos en la misma cancha, y tú eres responsable de esta unidad de negocio», pero se lo debes dar con tus acciones, no es sólo de palabras. No sirve de nada decir «aquí somos todos iguales», si tú tienes otra silla, oficina privada, un baño al que sólo accedes tú, etcétera. En la oficina deben respirar ese aire de equipo, de que cada líder tiene su responsabilidad.

Si quieres desarrollar la cultura y la disciplina para escalar, la única forma de hacer eso es que tu gente tenga *accountability*, si no lo tienen, siempre va a ser un autoempleo glorificado.

En la siguiente pregunta te explico paso a paso la forma de desarrollar *accountability* en tus equipos.

Una nota al pie, pero muy importante: también puede pasar que un líder, una persona que ha ido creciendo contigo, te diga que no quiere asumir más riesgo. Llega un momento en donde si el líder no quiere dar el siguiente paso, que se logra mediante *accountability*, ¡out! En mi esquema de empresa hay dos opciones: *up or out*. Punto.

> Necesitas dejar de dar órdenes y desarrollar ese *mindset* de que todos y cada uno de nosotros somos dueños de los resultados.

78. ¿Qué recomiendas para el reparto de acciones y utilidades en una sociedad con muchos socios?

En el modelo tradicional, los cofundadores se estructuran por funciones. La elección del socio correcto para la función que le toque va a incidir en el resultado de tu vida.

> Recomiendo siempre una sociedad de dos
> o tres. No más.

Esto porque, cuando una empresa nace, existen tres pilares de gestión: el comercial o ventas; el técnico, que es quien opera; y el administrativo, encargado de los números. Con esos tres socios basta. Es incluso un escenario exagerado, porque por lo general las empresas arrancan con dos.

Si ya tienes muchos socios, deberán sentarse a definir la columna vertebral de esas tres partes: comercial, técnica y administrativa. Los demás deberían ser socios de un territorio geográfico o de un negocio nuevo, pero van a ser parte operativa del negocio. Es decir, remarán para generar utilidades.

Después contratas empleados. Algunos empleados se convertirán en socios bajo alguno de los dos esquemas: crecimiento geográfico o de unidad negocio. Aclaro que esto es desde la perspectiva de mis Organizaciones Neuronales de Crecimiento Exponencial (ONCE).

La última parte de la respuesta trata del momento para retirar utilidades. Debes ser cuidadoso porque, cuando le sacas dinero a la empresa, dejas de crecer. Crecer cuesta: es necesario contratar más vendedores, más publicidad, etcétera, y si falta dinero para crecer ¿cómo le haces? Es como agarrar a un niño y quitarle la comida. Entendamos que las empresas necesitan crecer hasta llegar al punto en que empiecen a generar retornos.

Por lo tanto, haz un plan y una política de reinversión y, encima de esa política, ahora sí determina qué hacer con el dinero. No antes.

79. Hay varios inversionistas que quieren entrar a mi proyecto con la compra de acciones de la empresa. ¿Me conviene?

Te voy a dar mi punto de vista como mentor.

> Yo no creo en socios pasivos de capital.
> Yo creo en socios de talento.

Asociarte con alguien por su dinero en una empresa en crecimiento es muy peligroso: te estás vendiendo muy barato contra lo que tendrás en el futuro.

Entiendo que hay requerimientos de capital en las empresas. Por ello, recomiendo que sean creativos en cómo convocan capital. La mayor parte de las veces estructuramos la inversión hacia un proyecto concreto —para así dejar las acciones de la empresa en manos nuestras exclusivamente—. Lo que debes vender son acciones de un proyecto, no de la empresa. Las de la empresa no están a la venta. Lo que quiere la gente es colgarse hoy la medalla de la final, pero esa medalla vale muchísimo, porque tú sabes a dónde vas. En cambio, sí les puedes dar *equity* de un proyecto. Las utilidades que salgan de ahí pueden dividirse. Crea una nueva empresa para cada proyecto, así no diluyes ni pones en riesgo tu empresa matriz.

Mi recomendación es que, con estas condiciones, tomes el dinero, lleves el proyecto, y crezcas porque la gente tiene confianza en ti, pero no vendas lo que has hecho con tu esfuerzo.

80. Siempre soy yo quien vende mis servicios porque son personales, de relaciones, de recomendación. ¿Cómo consigo un vendedor que sea lo que necesito?

Esta pregunta me da para responderte sobre varios temas.

Primero, me preocupa que no has podido delegar la venta y que sólo estés trabajando por referenciación. Nos encanta decirnos algo como: «La venta no la puede hacer alguien más porque es de relaciones, porque me tienen que ver a mí». Ese cable está equivocado y puede ir en contra de tu operación comercial. Necesitas protocolos escalables. Segundo, el nivel de talento que buscas no está en la calle. Las grandes organizaciones forman a su talento. Si no estás formándolo, algo anda mal.

Por lo tanto, la respuesta tajante y sencilla: forma a tus líderes.

> El único trabajo del líder es crear otros líderes.

81. ¿Cómo puedo entrevistar candidatos y decirles que les toca generar su propio sueldo? ¿Cómo visualizas tú a una persona que quiere crecer?

A la gente que entra hay que ofrecerles algo de sueldo fijo. La triste realidad es que sí existen cientos de ofertas laborales que, sin sueldo base, ofrecen al futuro vendedor ganar millones. Son mentiras todas.

Yo utilizo los sueldos variables para los líderes. Sin embargo, la gente que va entrando a la organización lo hace con sueldo fijo. Los recibo en la organización como practicantes, con un sueldo mínimo porque son prácticas profesionales, pero es algo. De ahí, suben al siguiente puesto, que es el de analista, una persona parte de un proyecto y con un sueldo base.

Si de entrada no les das sueldo, pensarán que los estás utilizando. Es muy difícil que arranquen sin un sueldo mínimo porque el sueldo lo usan para comer, ni siquiera para lujos. Tienes que empezar ofreciéndoles una compensación total garantizada —de la que ya hemos hablado— durante los primeros meses, siempre dejándoles ver cómo será la dinámica y los números en el momento en que pasen al esquema variable. Ese salto a variable sucede entonces más adelante, cuando una persona sabe que tiene los 8 mil o 10 mil pesos asegurados, que es lo que le da para la gasolina y la comida, pero no va a dar más si no pasa al esquema variable. Entonces sí va a levantar la cabeza diciendo que quiere más.

Hay gente que lleva conmigo seis u ocho meses y me plantea que quiere más. Ahí es cuando veo de qué están hechos, porque si quieren más, entonces sí se les quita el sueldo y se van para arriba. A ese tipo de gente es a la que vas a variabilizar, ésos son líderes, los que se separan de los *minions*, es más, hipnotizan a los *minions* para que trabajen para ellos. Son los primeros quienes van a hacer la magia.

82. ¿Qué opinas de los socios participativos, socios no cofundadores que quieren invertir en el negocio?

Mi consejo inicial siempre es que no levanten capital. Muchos me critican porque escuchan o leen que en Estados Unidos todos piden y consiguen inversión. Debe quedarte claro que en el ecosistema americano eso tiene sentido porque los inversionistas que le meten dinero a esos negocios no están buscando sacarle dividendos en el corto plazo, a ellos les queda claro que no le puedes sacar a un negocio en crecimiento. En ese modelo consigues una inversión y luego, dos años después, otra, y con esa le pagas al primero, pasan dos años y le pagas al otro, y así pagas al pasado sin sangrar al negocio y dejas dinero suficiente para la reinversión agresiva que necesitas para crecer. Pero eso sólo pasa en ese ecosistema específico de Estados Unidos, o en algunas otras partes del mundo como Europa.

En América Latina no existe esa misma mentalidad de largo plazo, o es mucho más difícil encontrarla. El inversionista en México o Latinoamérica no se va a meter a ese viaje de largo plazo contigo, lo que quiere es darte el dinero y, a cambio, espera recibir un retorno casi de inmediato, quiere rentabilidad, dividendos. Por eso, lo que van a buscar es sacar el dinero de la empresa lo más pronto posible y, si sacan el dinero de la empresa, limitan su crecimiento.

Piénsalo siempre varias veces antes de aceptar inversión en América Latina. De nuevo, mi mejor consejo es crecer con tus propias utilidades con el esquema de reinversión agresiva en tu negocio.

83. ¿Cuál es la estructura ideal para una empresa exitosa? ¿Quiénes la componen? ¿Cómo la armo?

Por lo general, las estructuras funcionan con un dueño —que es el director general— y una base de tres líderes en el organigrama. Lo que hicimos en mi primera empresa, 4S Real Estate, y que nos funcionó muy bien —no es que lo haya inventado yo, sino que leí el libro *E-Myth* en el que lo explicaban y lo ejecuté— fue:

> Borrar el puesto de director general y fijar la columna vertebral de la empresa en tres líderes: el comercial, el técnico y el administrativo.

Cuando arrancamos esa primera empresa éramos dos socios, por lo tanto, uno se hizo cargo del área técnica, otro de la comercial y un empleado, al mismo nivel que nosotros, fue al área administrativa.

Es un gran reto contratar a un empleado pero que esté a tu nivel. Pregúntate: ¿hay hoy un empleado en tu empresa que pudiera estar a tu mismo nivel organizacional y que pueda sustituirte?, y también: ¿estarías dispuesto a trabajar de empleado debajo de alguno de tu gente? Estas preguntas son las piedras que dan base al reclutamiento y al desarrollo. En reclutamiento, porque tú deberías querer trabajar debajo de cada persona que entra a la organización, si no, no la contrates. Y en desarrollo, porque si tu estructura es contigo como el dueño y director general, y tú das las órdenes a todos, será complicado que encuentres y desarrolles quién te reemplace como director general o líder de una de las áreas críticas. Sin embargo, si lo estructuras como te propongo, con unidades de negocio, con *accountability* individual por cada unidad de negocio, es mucho más fácil encontrar los reemplazos.

Pero regreso a 4S. A medida que fuimos creciendo, cambiamos esos tres puestos por directores de unidades de negocios, que reportan a un consejo, que es un paso crítico: tienes que formar un consejo. Cada tres meses se reúne y los directores rinden los números de sus unidades de negocios, sus resultados. Y el consejo opina sobre lo que está pasando. Eso es lo que hace, dar consejo, no órdenes.

En ill aún no somos una empresa grande, pero ya celebramos reuniones de consejo porque sé a dónde vamos y lo importante que es para crecer bien y con agilidad. Cuando tu empresa ya cuenta con un consejo, sólo resta conseguir un líder más capaz para que te reemplace y puedas comenzar otra empresa. Así fue como fundé la segunda, porque encontramos mi reemplazo en la primera.

84. ¿Qué tan pronto y cómo puedo formar el consejo directivo de mi empresa?

Desde el primer día puedes y debes formar tu consejo. No tiene que ver con cantidad de ventas o el número de empleados, tiene que ver con tener líderes.

Vamos a entrar en contexto: ¿qué significa «tener un líder»? Que cuentas con una persona que no depende de nadie. Si son tres socios, entonces los tres son líderes y cada uno debería desempeñar papeles diferentes. Y, si es así, ¿a quién reportan? Ése siempre es el primer problema entre socios. ¿Cómo se organizan ustedes? ¿Quién maneja el dinero? El tema aquí es que se van a enfrentar a un montón de problemas entre ustedes y deben aprender que la cancha de cada uno es de cada uno.

Si surge un problema, se resuelve con el consejo. Por ejemplo, si son tres socios, te recomiendo que traigan a dos externos: cinco personas, cada uno con un voto. Cada uno presentará su área con sus resultados frente al consejo y éste los cuestionará e incluso los podría echar. Si esto sucede, aún quedaría como socio, pero ya no como líder.

Por lo tanto, cualquier empresa que tiene a un líder necesita un consejo. Hay fundadores que arrancaron solos y ellos también lo necesitan cuando uno de sus empleados empieza a tomar decisiones de manera independiente. La realidad es que todos necesitamos de consejos que evolucionen: primero consultivos y operativos a los que les presentas los números; luego pasan a ser directivos, donde ya se toman decisiones mucho más estratégicas y no necesariamente de consulta.

Finanzas y dinero

85. ¿En qué tipo de empresa te gusta invertir? ¿Invertirías en mi empresa?

Cuando me hacen esta pregunta, por lo general esperan que responda con una industria específica: un giro de negocio. Que si tecnología, inmobiliaria, *retail*... todos buscan el giro de negocios que por arte de magia sea mejor que los demás. A mí no me interesa la industria en la que estés involucrado. Me interesa cómo está alineado tu modelo al crecimiento del negocio. Yo busco negocios en donde el margen bruto del negocio —medido en flujo— sea suficiente para pagar la adquisición de clientes del periodo siguiente, así como las necesidades de inversión en crecimiento posteriores. En otras palabras, busco negocios que puedan crecer con su propio flujo de efectivo.

Esos renglones de arriba se escriben fácil, pero son difíciles de lograr. De hecho, la mayor parte de los negocios que me presentan tienen márgenes mínimos, por lo que no pueden fondear su expansión. Otros tantos presumen buen margen, pero requieren inversiones cuantiosas de inicio y esperan que alguien las pague de su bolsa y asuma todo el riesgo. Cuando ya hiciste un negocio que crece con su propio flujo, ¿por qué meterte a otro tipo de negocio?

Cuando les digo esto a los emprendedores pasan dos cosas. La primera es que no me creen que existen negocios así. Pero como yo los he vivido, me tiene muy sin cuidado su opinión al respecto. Yo sé que existen. Por otro lado, otros emprendedores me dicen: «Si tuviera un negocio en crecimiento con su propio flujo, ¿por qué te habría de invitar al negocio?». Creo lo mismo. ¿Para qué invitar socios a un negocio en donde tú financias el crecimiento? Pero bueno, si de todas formas me quieres tener de socio, ya sabes que siempre estoy buscando negocios con una alta capacidad de crecimiento autofinanciado.

Pero, si se trata de invertir en empresas, hay algo más. Ahora mismo me encuentro en la preparación de mi brazo financiero para invertir en empresas. Y, habiendo ya dedicado tiempo al tema de inversiones de ese tipo, sé que el problema es que muchos de los emprendedores no son candidatos a fondeo porque no buscan crecimiento exponencial. Se sienten cómodos y no quieren crecer con agresividad.

> La idea es encontrar emprendedores
> con una visión exponencial.

Aunque son rarísimos, porque de cien personas con las que me he entrevistado en los últimos meses, sólo dos mostraron esa mentalidad.

> Un emprendedor así puede generar
> retornos suficientes como para correr
> los riesgos de inversiones.

86. ¿Cómo sé si a mi empresa le está yendo bien o si sólo creo que sí y vivo fuera de la realidad?

Déjame responderte esta pregunta en tres niveles: básico, intermedio y avanzado.

A nivel básico, mi primera preocupación es el crecimiento. Si los ingresos del negocio aumentan todos los meses y el dinero está en tu cuenta bancaria, entonces tu empresa va bien. Aclaro que tú tienes que controlar el flujo. Pero con que tu empresa crezca, puedes considerarte exitoso desde esta perspectiva básica.

En un nivel intermedio, hay que hablar de margen y rentabilidad. Una empresa que ya entendió cuál es su *market fit* y sabe a qué se dedica puede cobrar más caro. Cobra caro para manifestar su valor de marca y el mercado está dispuesto a pagarlo porque reconoce el valor de la empresa. En este segundo nivel, el éxito radica en mantener el crecimiento del nivel básico, pero hacerlo con un margen cómodo que permita financiar el crecimiento.

Si hablamos del nivel avanzado, puedo decir que una de las lecciones que me dio el mundo de los negocios es la de entender que las medidas financieras de éxito no muestran toda la película. Según vayas creciendo dentro de una organización, entiendes la necesidad de una visión más integral de las cosas. Para esto, es muy valioso entender la metodología de la *balanced scorecard*. Surgió hace algunos años, pero te ayudará. Lo primero que se hace con ella es determinar que no sólo es necesario prestar atención a los indicadores financieros, porque el éxito se mide también en otras dimensiones, más allá de las finanzas. Después vienen los indicadores del cliente:

¿cómo estás viviendo el éxito con tus clientes? ¿Se sienten contentos? ¿Recomprarían? ¿Se sienten vinculados y conectados a ti? ¿Cuántos de ellos y cómo? Luego sigue la parte de los procesos. Para lograr esa magia con tu cliente debes analizar qué procesos debes mejorar, cómo hacerte más sólido, más fuerte y cómo diferenciarte de los demás, qué procedimientos internos deberías mejorar. La última de las dimensiones, que suele ser la que menos se trabaja, es la del aprendizaje organizacional. Piensa: ¿estás logrando aprendizaje organizacional para el cumplimiento de las dimensiones anteriores? Si no, estás construyendo un castillo de naipes que en cualquier momento podría derrumbarse. Las cuatro dimensiones se evalúan de acuerdo a tres temas: los KPI, los indicadores, los números con los que vas a medir las dimensiones; después, el objetivo más crítico que quieres que tu gente considere; por último, y esto para mí es de las cosas más valiosas del *balanced scorecard*, debes prestar atención a qué iniciativas genera tu gente, tus equipos de trabajo, tus líderes, para echar a andar todas estas dimensiones.

> Esto es lo que de verdad separa a las grandes empresas de las mediocres, porque en el verdadero talento empoderado lo que más hay es iniciativa, ganas de hacer cosas nuevas.

La iniciativa mata la mediocridad.

Crecimiento, rentabilidad y las cuatro dimensiones del *balance scorecard* te sirven para comprobar si tienes éxito en tu negocio.

87. Estoy en pleno arranque. Explícame cómo administrar mis finanzas personales y la relación que tienen con mis negocios. Tengo algunas deudas y no sé por dónde empezar.

Déjame aclararte cómo piensa mi mente en el tema de finanzas personales y luego ya conectamos con el tema de los negocios. Vamos a responder por ti como individuo. Asumiré que tienes ingresos a nivel personal de uno o varios negocios y que estas cuentas son independientes a las de tus empresas.

Primero, paga deudas, lo más rápido que puedas. Ya que hayas salido de deudas personales, entonces usa mi sistema de las cinco cuentas. Necesito que tu dinero lo dividas entre estas cinco cuentas clave.

1. Asegura una cuenta en líquido, con seis meses de línea de oxígeno. Es decir, esa cuenta te permitirá seis meses de vida y resolver cualquier problema que tengas. ¡Es intocable!

2. Cuando ya tengas esa cuenta, ahora sí, empieza a invertir en una cuenta que se lleve el 10% de tus ingresos personales total para tu futuro, es decir, es algo a largo plazo. Ojo con esta cuenta. Yo la llamo la cuenta de ahorro. Aquí estás buscando vehículos de bajo riesgo. Es tu red de salvación si todo en tus negocios sale mal, por lo que no debería haber riesgo involucrado.

3. Ya que pases esa segunda cuenta, aparece la buena, que es la de inversión. En la cuenta de inversión buscas maximizar el retorno, porque ya es dinero que quieres que trabaje más que tú. Dentro de esta categoría de inversión,

yo siempre ubico primero inversión activa, es decir, aquellos negocios donde está tu tiempo involucrado. Siempre lograrás más negocio donde esté metido tu talento.

4. La cuarta cuenta es la de inversión pasiva, ya sea la bolsa, bienes raíces u otros vehículos.

5. Después de todo esto están las oportunidades de especulación, criptomonedas, juegos en Las Vegas, apuestas a los deportes y todo lo que sea de altísimo riesgo.

Para iniciar a entender el mundo de las finanzas, necesito que tu cerebro piense alrededor de estas cinco cuentas. Conforme avances, irás utilizando sistemas más avanzados de administración patrimonial.

88. ¿Cómo manejan los millonarios su dinero?

Hablemos de un secreto. Por lo general, las personas comunes y corrientes reciben dinero —de su trabajo o de sus negocios—, luego gastan en lo que sea, necesario o no y, al final del mes, ven cuánto les sobró para ahorrar y buscar formar su patrimonio a largo plazo. Aquéllos que ya han avanzado más en el juego, saben que se juega al revés. Primero construyen un patrimonio y viven de sus rendimientos. En otras palabras, vives de lo que ya deja el dinero. Esto causa un círculo virtuoso de crecimiento de capital.

Puedes verlo como dos pirámides: una invertida (la de la gente normal) y otra, la de los millonarios, con un suelo o una base sólida que se llama capital. Los primeros viven sobre un alfiler, en espera de que cualquier crisis los derrumbe. Los otros, como ya viste, son todo lo contrario.

Vamos a centrarnos en la base del capital, que es dinero. Cuando una persona construye esta base, en automático genera flujo de efectivo constante mes a mes, del que toma una parte como efectivo corriente, el que usa para consumir, lo primero que hace una persona normal. Uno no se vuelve millonario de la noche a la mañana, ese capital no aparece de la nada. Sin embargo, existen cinco reglas para ir construyendo la segunda pirámide.

De entrada, debes contar con una plataforma de crecimiento de ingresos. Cuando eres empleado tienes un techo y el crecimiento, de una u otra forma, estará topado. Si eres empleado hoy, busca fuentes de ingreso externas que puedan ir creciendo, sin quedarte en la calle.

Si ya cuentas con eso, piensa en el ahorro extremo, es decir, no una partecita de tu quincena, sino tomar más del 50% de todos tus ingresos y separarlo. Así irás generando un capital pequeño de arranque.

La tercera regla es el apalancamiento, es decir, traer capital de otro lado para sumarlo al tuyo y amplificarlo. Sobre esto he hablado mucho en mis videos y conferencias, así que no te costará trabajo entenderlo.

Sigue la cuarta, que es la reinversión disciplinada. Es decir, los ingresos deben reinvertirse de forma inteligente en el crecimiento de tu negocio o formas de generación de ingresos.

Por último, debes entender que las inversiones no son especulación.

> Olvídate de que inversión es sinónimo
> de riesgo.

Si eres un estudioso, correrás menos riesgo, pues sabrás qué tipo de inversiones y mercados son los que ofrecen un mejor retorno.

Si entiendes la lógica de las dos pirámides y de las cinco reglas, te quedará claro cómo manejan ellos su dinero.

89. Mi negocio registra buenas ventas y buena utilidad, pero por alguna razón nunca vemos el dinero y estamos endeudados. ¿Debo frenar el crecimiento?

Seguro tienes un problema dentro de tu ciclo de flujo efectivo. Muchas empresas muestran buenos números cuando lo ven en un Excel, pero en la realidad sufren por culpa de sus clientes. Cuando un cliente te pone condiciones de pago complicadas, seguro se está financiando contigo y eso seguro será un problema para ti.

Claro que, si tuvieras el *cash*, no te daría miedo crecer. ¿Qué es lo que me demuestras con tu problema? Que no sabes venderte. Es decir, en la medida en que sepas venderte, en la medida en que te vuelvas más poderoso en la venta, más podrás exigir, más específicas serán tus condiciones de pago. Esto nunca lo había dicho:

> Las condiciones de pago a veces son más
> importantes que el precio.

He escuchado a mucha gente decirme: «Carlos, logré vender a un precio altísimo». Sí, pero con unas condiciones de pago horribles, a tres o incluso seis meses... ¡Ésa no es una buena venta! En ese momento es en donde veo que muchos vendedores doblan las manos. Hace poco alguien me dijo: «Sí, te queremos contratar, Carlos, y te pagamos bien, pero en ciento ochenta días». ¡¿Ciento ochenta?! Se nos terminaría olvidando cobrarles en medio año.

El punto es que, si te falta poder en el mercado porque fallas en diferenciarte, seguro pensarás: «Pues sí, que me paguen cuando me quieran pagar, mientras siga cayendo el trabajo». El problema es que eso crea un cuello de botella en tu crecimiento. Es un tema de capital. Por lo tanto, para responder, te pido dos cosas, si es que el problema es el capital. La primera es que endurezcas tus políticas de cobro con los clientes. Y la segunda es que, si tu industria de plano no lo permite por condiciones de pago sofisticadas, vas a buscar cómo depender del crédito. Vas a tener que disponer de unas líneas de crédito altísimas para preparar el crecimiento. También es cierto que, si tus clientes son buenos, deberías moverte sin problemas, porque ellos van a financiar tu crecimiento.

Si vas a vender con esas condiciones de pago a tantos días, hay que cargarle al proyecto el costo financiero de la línea de crédito. Las grandes empresas han alcanzado niveles de deuda altísimos. Por eso, tienes que ser más caro para pagar siempre el costo financiero. Ni hablar, adelante, pero sé que vas a tener que aprender a dormir con la imagen de esa deuda encima, aunque ésa es ya otra discusión. Acuérdate de que, si no hay manera de financiar el crecimiento, ahí te vas a quedar.

90. Necesito que me ayudes a entender cómo debería manejar el flujo de dinero para poder comprar la mercadería y tener dinero para invertir en crecimiento.

Vamos por partes. ¿Cuántos días tardas en vender el *stock* de un producto que recibas hoy? Supongamos que son veinte días. Bueno, ese es el tiempo de inventario, que es el tiempo que te toma vender tu mercadería. Luego debes pensar en las cuentas por cobrar, lo que tardas en pagar, a modo de ejercicio, pongamos que son diez días. Ya vamos en treinta días, pero resulta que tu cliente te paga a sesenta, y eso quiere decir que hay un tiempo en donde ha desaparecido el dinero. Estás financiando a tus clientes.

Si tomas en cuenta lo anterior, tienes una fórmula sencilla con tres factores: el inventario, las cuentas por cobrar y las cuentas por pagar. Cuando el inventario más las cuentas por cobrar sea menor a tus cuentas por pagar, ahora sí tendrás un ciclo de conversión en efectivo negativo, que es el estado deseado. Contar con un flujo de efectivo negativo provoca que la inversión no sólo sea tuya, también de tus proveedores. Si quieres, puedes analizarlo con tu contador, pero lo más sencillo es que veas las cuentas bancarias y te preguntes cómo es posible que, si estás vendiendo 10 pesos no haya 10 pesos en el banco. A veces es así de sencillo.

Por ejemplo, en i11, mi empresa de consultoría, nos pagan rápido. Nosotros entregamos hasta que nos paguen. Tenemos eso bien aceitado, sin embargo, los números del banco coinciden al 90% con los números reales. Visto eso, uno podría pensar: «Vendí 100 pesos, en teoría cobré todo y, al final del mes, al hacer las cuentas tengo 90 pesos. ¿Cómo?». Esos diez de diferencia se dieron quizá porque un cliente se demoró en pagar o alguna otra razón.

> Siempre hay menos dinero del que realmente existe y los números de crecimiento dependen del flujo, no del número de ventas.
> Si no hay flujo en la cuenta, no hay dinero para gastar para crecimiento, no hay dinero para pagarle a los vendedores…

91. Cuando ya tienes un socio regional, ¿quién maneja el dinero?

Tu empresa le cobra al cliente, se autopaga su regalía, y luego le dice al socio regional cuánto le quedó. Pero tú siempre tienes que manejar el flujo, porque eso es lo que vale. La empresa vale por su control del *cash flow*. Si no, entonces te vuelves víctima del flujo de tu socio, de cuánto te quiera pagar. Ten presente que las empresas se funden por dos razones: la primera es porque no hay *market fit*, es decir, tu producto o servicio no encaja con lo que quiere el mercado. Hay gente que es muy necia e insiste con algo cuando ya vio que no gusta. Te pongo un caso concreto: estábamos en la junta de consejo, hablábamos sobre un curso digital que habíamos sacado que no funcionó. Mi equipo daba justificaciones: «Es que le dedicamos tantas horas, y el equipo…». No hay que perder tiempo, no funciona, el mercado no lo compra, pasemos a otro proyecto, ¡a seguir experimentando! El *market fit* es nuestra primera razón de muerte, y la segunda es el *cash flow*. Hay empresas extraordinarias que venden bien, con buenos resultados, pero el dinero está desaparecido. Entonces, si no hay dinero, para poder operar se vuelven dependientes de instrumentos financieros, como líneas de crédito, pero si estás creciendo, ¿qué pasa?, que siempre se tiene que ir haciendo más grande la línea de crédito, y el dinero nunca aparece. Están al borde del precipicio y al más mínimo problema macroeconómico o económico que ocurra, adiós, se caen.

Le pasó a un miembro de las mentorías. Cuando vino a la sesión estaba feliz, me dijo: «Mira, facturo 450 millones al año, traigo este margen». Y luego me llamó para pedirme ayuda. Le pregunté por su *cash flow*. «Traigo un ciclo de conversión de efectivo de ciento veinte días», me dijo. Éste se calcula: días de inventario (lo que tardas en vender tu producto) y días en que te pagan tus clientes, se lo restas a los días que te tomas en pagar a tus proveedores. El *cash flow* debe ser negativo o cero. Si está a cero, tú estás controlando el negocio, si es positivo, de tres días o de cinco días, ya vas a necesitar línea de crédito. O sea, el crecimiento del negocio está sujeto al crédito o a las palancas financieras que tengas para armarlo. Eso no debe pasar.

92. Si tomo en cuenta lo que aconsejas de mantener un *cash flow* en cero o negativo, ¿cómo manejas las cotizaciones?

Piensa que tienes cuatro palancas: volumen de venta, condiciones de crédito, plazo del contrato y fecha de cierre. Éstas determinan la calidad de una venta, es decir, cómo las establezcas. Ahora bien, debes estar dispuesto a pagar por mejores condiciones en cualquiera de las cuatro. ¿Qué es pagar? Dar un descuento. Cada descuento que tú des es una especie de pago por lo que el cliente logró en cumplimiento de alguna de estas cosas. Es decir, si el cliente está de acuerdo con pagar de inmediato, es posible darle un descuento. Es un incentivo. O bien, puedes descontar por el volumen de la venta, algo que todos hacen, sin saber bien por qué. Es, a final de cuentas, una negociación. Pero recuerda que dentro de la misma, la calidad de la venta debe quedar siempre a tu favor. Acomoda la cotización según te convenga a ti.

Por lo tanto, mi recomendación es que debes ser cuidadoso con las condiciones de la venta. Dicho eso, siempre en tus cotizaciones presiona por mejores condiciones de pago, porque la mayoría de las veces un descuento pequeño afecta mucho menos que un cliente que paga a noventa o ciento veinte días.

93. Sufro de problemas financieros: trabajo sin parar y genero negocios diferentes, pero no logro que despeguen y hasta me endeudo. No sé cómo salir de este círculo. ¿Qué habilidades crees que me falten?

Lo que dices me recuerda a un video que publicó Dan Lok, un genio de los negocios que vive en Canadá. Él habla de algo sencillo: el problema para generar más ingresos tiene que ver con la falta de habilidades de alto ingreso, o bien *high income skills*. Dice que todos estamos metidos en problemas por la falta de habilidades. En el video, Dan Lok cuenta que, cuando era adolescente, estaba en bancarrota. Llegó a Canadá a los catorce años, sin dinero, y con una deuda de 150 mil dólares. Intentó de todo: trece negocios distintos. Cada uno resultó en un desastre. No sólo falló en generar dinero con esos negocios, sino que aumentó su deuda y perdió el dinero de su madre, el que le prestaron amigos y familiares, y no sabía por qué. Quería el éxito, pero no podía hacer que algún negocio funcionara. Un día, tuvo una epifanía: «No tengo problemas de dinero, tengo problemas de habilidades», se dijo a sí mismo. Lok sostiene que, si intentas resolver tus problemas de dinero con dinero, no se resolverán.

> Los problemas de dinero no se solucionan con dinero, sino con inteligencia y el conjunto de tus habilidades.

Te voy a dar las tres habilidades de alto ingreso que a mí me funcionaron y que debes aprender si quieres multiplicar tu dinero.

La primera es la de ventas, pero no ventas en general, sino las de la era digital. Debes aprender a vender, a conectarte a través de los medios digitales con tu gente, a llevarles valor para después cerrar una operación. Ésta es una habilidad que, sin duda, te puede cambiar la vida porque te convierte en un generador de negocios. Pocos tienen esta habilidad y menos se han dedicado a mejorarla. Por eso, he insistido mucho en mi curso «Halcones de ventas» en este punto.

La segunda habilidad que debes tener es la de delegar. Debes desarrollar la capacidad de desprenderte del trabajo para que alguien más lo haga, debes confiar en tu equipo. Ése es el trabajo que construye organizaciones y en ése he insistido desde el primer día. A diferencia de otros *influencers* que trabajan solos, yo estoy construyendo una empresa alrededor de lo que hacemos y, en poco tiempo, multiplicamos el número de personas que trabaja en el equipo.

Por último, la tercera, y quizá la más difícil de todas, es la de conseguir apalancamiento. ¿Cómo le haces para conseguir recursos económicos que no son propios para amplificar el potencial del negocio? Puedes recurrir a la deuda o captar inversión. ¿Cómo haces para que se haga más grande el proyecto que tienes en función de recursos que no son propios? La respuesta a esas preguntas sólo la sabes tú.

Estas tres habilidades de alto ingreso son sencillas para aprender a desarrollar y multiplicar tus ingresos. Repito:

> No es un asunto de falta de trabajo, no es un asunto de esfuerzo, el problema es que estás utilizando habilidades incorrectas.

94. Soy dueño de una cadena de seis pizzerías y llevamos un año y medio en operación. Queremos seguir creciendo y la pregunta es: ¿cómo podemos crecer? ¿Franquicias? ¿Deuda?

Antes de responderte quiero que entiendas que no necesitas dinero para abrir sucursales y crecer. Si abres sucursales propias —que es lo más caro—, la inversión es tuya o te toca conseguirla. Lo que me estás preguntando es si pides crédito bancario para esas nuevas sucursales. Sí, ésa sería una opción, pero hay otras formas de crecer para las que no necesitas dinero.

En el polo opuesto está la alternativa de la franquicia, que es venderle a alguien tu concepto. Sin embargo, yo veo un problema con eso, y es que entregas la marca a un desconocido. Cuando vendes una franquicia, alguien te paga una determinada cantidad de dinero por el local y luego, si le va bien o mal es su problema, que lo resuelva.

> En medio de las dos opciones hay
> un modelo interesante del que nadie habla
> y se llama «licenciamiento».

Yo te diría que, antes de explorar el tema de la deuda, también pienses en hacerte de un socio regional en otra localidad. La idea es buscar un socio en alguna ciudad en donde te quieras instalar, que quiera entrar con parte de la inversión y que comparta el negocio contigo. Mucha gente lo evita porque, si comparte con un socio, teme perder el control. No te preocupes. En un licenciamiento tú tienes una empresa de la cual él o ella no es socio, tiene su propia empresa y la tuya le da un contrato de licenciamiento a la de él. Tú manejas el dinero, los recursos. Sólo se convierte en un socio operativo regional.

Si de todos modos quieres endeudarte, existe una medida financiera que estima el porcentaje de tu deuda sobre dos cosas diferentes: activos totales e ingresos. Por lo general, la relación de deuda sobre ingresos en una empresa pública gira en torno al 22%. Si ya tienes la posibilidad de apalancarte con bancos y además un flujo constante (aunque me preocupan los restaurantes, porque no suelen contar con ingresos tan recurrentes), junto con una empresa sólida como para apalancarte con el banco, un 20% del monto de los ingresos es nada. Es bastante saludable. Yo te diría que comiences con el 20% o el 25% y luego sí, busca socios regionales, ésa es la clave.

95. ¿Cómo puedo lograr riqueza de forma rápida?

Si estuviste buscando información sobre el tema, verás que hay cientos de videos de *influencers* que dan recomendaciones mediocres como «ahorra en el café», «ahorra en la tintorería» y ésa es una mentalidad de ahorro. Déjeme que te diga algo importante:

> Si quieres generar riqueza de forma rápida, la mentalidad de ahorro no sirve. La que sirve es la de ingreso.

Es decir, no importa cuánto estés gastando, necesitas una mentalidad que te ayude a multiplicar tus ingresos.

Te voy a decir lo que me funciona. Existen cuatro formas de generar riqueza de forma rápida. Para mí, riqueza rápida es, en cinco años, tener un millón de dólares en el banco listo para lo que quieras. En la modalidad de ahorro que te sugieren los *influencers*, «ahorra, invierte y, poco a poco, irás generando gracias a lo que ahorras del café, de la tintorería…», quizás lo logres en veinticinco años. Yo quiero que lo logres en cinco. En mi modelo, como dije, tengo cuatro formas de lograrlo en función de dos variables:

Qué conocimiento técnico necesitas, si es alto o bajo, y luego cuánta energía o tiempo necesitas para lograrlo. Esto forma los cuatro cuadrantes de la riqueza.

Empezaré por el cuadrante inferior de la derecha: ser amigo de ricos. Para lograr eso necesitas poco conocimiento técnico y mucha energía porque, para ser amigo de ricos, deberás encontrar la manera de relacionarte con gente con más poder adquisitivo que tú, mucho más que ese millón de dólares que estás buscando. Otra cosa que debes incluir en ese cuadrante es la manera en que vas a generar valor, que es armando negocios con ellos, de la integración de operadores con dinero, es decir, integrar capital a través de comisionar el negocio que está alrededor de ellos, o a través del *timing*, de estar en el lugar correcto, en el momento correcto.

La segunda forma, ubicada en el cuadrante inferior de la izquierda (poca energía, poco conocimiento técnico), es la de convertirte en un cazador de tesoros. De las cuatro, sería la forma más fácil. Un cazador de tesoros encuentra nichos que nadie ataca. Tienes que ser muy bueno para olfatear oportunidades y estar dispuesto a conseguir contactos para generar negocios —que no es lo mismo que en el cuadrante anterior—. El cazador de tesoros, por insistir en el mismo nicho, por buscar, picar piedra y hacer contactos, puede llegar a lograr esa riqueza a través de estos tesoros.

Es en los dos cuadrantes superiores en donde más necesitas conocimiento técnico. En el cuadrante de la izquierda está el experto en inversiones: conforme entres al mundo del dinero te vas a dar cuenta de que sobra en el mundo, de hecho, es abundante. Un problema de la gente con dinero es que no sabe qué hacer con él y necesita asesores que les ayuden a encontrar en qué invertirlo. Para hacerte un experto en inversiones necesitas demostrar tus resultados de forma convincente, aunque sea un experimento pequeño, y tienes que aprender a hacer muy buen *networking* para hablar con la gente que maneja los fondos y aprender a apalancarte al máximo. El experto en inversiones es aquél que convoca el dinero de otras personas para lograr el resultado económico que está buscando. Pero ten en cuenta que nadie te va a dar su dinero si no demuestras que técnicamente eres muy superior a ellos. Por lo tanto, mi recomendación es:

> Aprende a demostrar sus resultados, conviértete en un experto en inversiones.

Por último, el cuarto cuadrante es el del genio de los negocios. Éste es el cuadrante que a mí me gusta y es en el que yo trabajo. Ser un genio de los negocios implica ser dueño de un alto conocimiento técnico y un alto nivel de energía. Por eso nadie lo quiere hacer. Necesitas dedicarte por completo, con esfuerzo, a algo con lo que te obsesiones si es que quieres escalar una empresa. Este modo de generar riqueza parte de agregar valor al escalar una organización, con un crecimiento de más del 100% anual, sin robarle dinero al negocio, para que, al quinto año empiece a pensar en la rentabilidad.

Éstas son las cuatro formas de lograr riqueza rápida. Ya te pasé la receta, no tienes excusas para no empezar a experimentar con tus propios ingredientes.

96. Dices que no debemos pensar en ahorro, pero ¿cómo le hacemos entonces si queremos hacer una fortuna? Dime los secretos.

El problema es que muchos cabrones te piden recortar gastos por todos lados, en café, comida y ahorrar hasta en el papel de baño. El tipo de ahorro del que yo he hablado es diferente, es a gran escala y pensando en proyectos a futuro y en la creación de capital, no en naderías. No se trata de ahorrar centavitos.

Dices que quieres hacer una fortuna, perfecto. No la vas a conseguir limpiándote el culo con la mano para ahorrar papel. Para generar riqueza dependes de tres palancas. Ése es el secreto.

Primero, piensa en tu habilidad para incrementar ingresos cada año. Como he dicho varias veces, si eres empleado es muy difícil tirar de esa palanca porque siempre tendrás un techo y, ¿qué tanto te van a subir el sueldo? ¿Hasta cuándo? Sólo los emprendedores podemos jalar de esa palanca. No tienes que ser un genio, sólo piensa en negocios nuevos.

La segunda palabra es la del aumento del porcentaje de recursos no utilizados. Es decir, los recursos que no usaste en tu vida personal, tampoco en tu negocio (no me refiero a ahorro) y que quedan disponibles. ¿Va creciendo cada año? Ese dinero es el que vas a poner a jugar a tu favor.

La última es la del rendimiento de inversión. Es ahí en donde vas a construir riqueza, en las inversiones que realmente se atreven a hacer cosas diferentes. Si logras esto, y en las palancas anteriores vas creciendo año con año, todo irá creciendo de forma exponencial.

Así, el dinero funciona como un mero vehículo que te lleva al destino final, que es el de ser millonario, el de la libertad.

97. ¿Cómo calculo el importe que debo cobrar por mis servicios?

Muchos me hacen esa consulta porque no están creciendo, porque les está yendo mal. Y es así porque su margen es reducido y no están cobrando lo que merecen. Para saber cuánto debes cobrar, debes quitar de tu mente la visión equivocada de cómo funcionan los negocios. Existen dos formas de ver un negocio: la de quienes dicen: «Voy a dedicarme a la fotografía, y me cuesta el tiempo, me cuesta el traslado, me cuesta todo, entonces tengo que generar un margen», ellos piensan en costos y a esos costos les agregan un margen, que, en teoría, es «lo justo». De ahí que los negocios en los que se mete esta gente, con visión de costo, tienden a ser apretados y es difícil que suban sus precios después porque ya se vincularon a ese precio.

Por otro lado, en la dimensión opuesta, en otro mundo, habitan otros seres ajenos al mundo del costo, que no les importa lo que cuestan las cosas porque viven en un mundo en donde lo único en que piensa su cerebro es en el valor, en cuánto valor generan en el mercado y cómo le explican al mercado que generan ese valor. Porque no es sólo crear valor, sino también explicar ese valor con claridad al mercado y que resulte creíble.

> Por eso, si tú logras explicarle al mercado cuál es tu valor, entonces podrás valuar tus servicios en función de eso y no del costo.

Cualquiera puede vender costo, puede vender precio, pero muy pocos tienen la habilidad de vender valor. Si no tienes idea de cómo generar más valor, entrevista a potenciales clientes y pregúntales qué podría generar más valor en el servicio que ofreces y de ahí integra los *drivers* que lo generan.

Te pongo un ejemplo sencillo de i11, mi nueva empresa educativa. El objetivo final del programa «*Mastermind Membership*» es lograr duplicar el tamaño de tu negocio en un año. Está diseñado para lograrlo a través de educación, *networking* y mentoría. Las empresas que ingresan al programa deben facturar mínimo un millón de dólares al inicio del programa. Si logro duplicar la facturación, ¿cuánto vale el programa? Porque si lo valúo por horas de mi tiempo y del equipo, jamás voy a poder venderlo a lo que hoy lo cobramos. Nos vendemos caro porque sabemos demostrar el valor que generamos.

98. ¿Qué porcentaje del margen debo invertir para crecimiento?

La pregunta sería cuánto quieres crecer, porque si quieres crecer todo lo que puedas, entonces cómete todo el margen y deja la empresa en cero, eso sí es crecer en serio. El problema es que, cuando sugiero esto, me dicen: «Carlos, tengo que comer», «Carlos, me tengo que ir de vacaciones de vez en cuando», «Carlos, hay necesidades». Todo lo que tú le comas a ese margen estará matando el porcentaje de crecimiento. Si la empresa da para pagar esas cosas y aún queda un poco de dinero, no pasa nada, entiendo que eres humano, date esos gustos, crece menos. Lo importante es que hay negocios que no valen la pena porque no dan para pagar eso. Entonces no son negocios. Si tu empresa no da para ir a pescar más clientes con los recursos propios, de nuevo, no es negocio.

Yo sé que es difícil entenderlo.

> Muchos me preguntan por qué no están creciendo, y, en realidad, lo que pasa es que no están invirtiendo más.

Por eso no crecen. Entonces, deberías crecer lo máximo que pueda tolerar tu humanidad. El problema es que si quieres crecer hoy tienes que dejar el dinero en la mesa porque necesitas ir a pescar con más dinero. Cuando lanzamos la maestría en ill, salíamos todos los meses a pescar con millones de pesos en pauta. Por eso veían la maestría por todos lados, porque quería pescar el doble de lo que estaba invirtiendo en pauta. Le dije a mi equipo que debíamos invertir en pauta la reserva que habíamos hecho en el año. Fue un «quememos las naves para ir por más». Piensa cuánto quieres crecer y cuánto quieres invertir para lograr ese crecimiento.

> La pregunta sería cuánto quieres crecer, porque si quieres crecer todo lo que puedas, entonces cómete todo el margen y deja la empresa en cero, eso sí es crecer en serio.

99. Acabo de lanzar una empresa de tecnología, pero no sé cómo conseguir inversionistas que confíen en mi proyecto, ¿cómo le hago?

Necesito que entiendas la diferencia entre los capitales tradicionales, que piensan en función de un modelo de utilidades, y los capitales de riesgo del modelo Sillicon Valley, que fomentan crecimiento.

En el modelo tradicional, el dinero se registra en función de un múltiplo de ciertas utilidades, por ejemplo, tres, es decir, que una compañía valía un cierto múltiplo de las utilidades anuales que genera. Eso indica que el valor de la acción simplemente refleja un valor presente neto de utilidades futuras predecibles.

También existen empresas tecnológicas que no se valúan con este mecanismo, sino con una idea de expectativas, es decir, nos venden la idea de flujos futuros o de las empresas en las que se van a convertir. No hay realidad detrás de esto. Si lo viéramos con números, encontraríamos una relación muy útil que siempre se utiliza en finanzas, que es la relación que hay entre el precio y la utilidad anualizada (*price to earning*), o de los últimos doce meses. Estamos hablando de precios de acciones contra utilidades, y por lo general esta relación era de uno a dos. Lo que está pasando en el mundo de la tecnología es que hay empresas que tienen una relación de 188, de 64 o de 29.5, por ejemplo. Amazon, Facebook o Google son quienes dan valores de ese nivel. Esto quiere decir que por cada dólar de utilidad que genera la empresa, genera 188 dólares de valor en acción. Estas empresas operan con *supermoney*, con dinero mágico, porque un negocio que sólo te genera un dólar de utilidad te puede levantar una gran cantidad de dinero de capital ya que éste sigue creyendo en las expectativas del futuro. Cuando los radios son tan increíbles y tan adelantados, están generando más valor a través de la inversión que a través del negocio real de la utilidad. Este tipo de capitales sólo está presente en muy pocos lugares. El epicentro claro es Sillicon Valley, aunque en otras partes del mundo también figura.

Yo veo, por ejemplo, el caso de Uber, que lleva diez años operando con pérdidas, por lo que uno podría pensar que el modelo de Uber es mejor que el de los taxis tradicionales, y sí, puede ser, pero lleva diez años subsidiado. El capital inteligente, este *supermoney*, te permite operar hasta décadas en pérdidas completas porque está valuando el futuro en expectativas.

> Para ti que estás empezando una empresa tecnológica, el secreto está en tu capacidad de convocar capitales inteligentes, que no valúen tu utilidad, sino tu futuro y en qué te quieres convertir.

Si tú logras atraer ese capital inteligente, que te permita operar con pérdidas durante una década y que te valoren no por tu utilidad ni por tu flujo, sino por quién te vas a convertir, entonces podrás lograr un gran emprendimiento tecnológico. Para lograr esto vas a tener que viajar a encontrarlos.

Al final de cuentas, si estás buscando capital de crecimiento tecnológico y te encuentras con inversionistas tradicionales, no vas a poder lograr levantar el capital que requieres.

La última pregunta

Warren Berger, el periodista y autor estadounidense, creó una fórmula sencilla que ha regido una buena parte de mi vida:

$$preguntas + acción = cambio (P+A=C)$$

Luego otra que no comparto:

$$preguntas - acción = filosofía (P-A=F)$$

No tengo nada en contra del estudio de la filosofía, porque sus principales personajes nos han dado incontables reflexiones y maneras de enfocar problemas, pero mi intención con este libro es la de lograr cambios prácticos en tu vida. Es, visto así, una herramienta de la inmediatez. Para conseguir el objetivo que persiguen las 99 preguntas que acabas de leer, necesitas poner en acción los caminos que fuimos recorriendo juntos a lo largo de sus respectivas respuestas. Yo espero que, mientras leías, hayas caído en la cuenta de que sabías muchas de las respuestas, o que por lo menos éstas coinciden con la forma en que ya ves el mundo y sirvieron para reafirmar aquello que ya habías puesto en práctica. Si fue así, me queda claro que entiendes que tu mente está lista para crecer aún más en el universo del emprendimiento. Espero que con este libro hayas entendido también que:

> El poder de las preguntas está en que
> son detonadores de cambio y de nuevas
> oportunidades.

Con esto digo de nuevo que las preguntas de los 99 emprendedores son igual de importantes que mis respuestas.

Por eso, como comenté al inicio, este libro no se trata de las respuestas, sino más de las preguntas. De hoy en adelante te quiero siempre cuestionando. Todo. Quiero que en todo momento inventes nuevas preguntas para consultar con tus mentores, con el contenido que leas y consumas y con la gente que conoces. Las preguntas serán tus guías en tu recorrido de crecimiento.

Pero en el título leíste «100 preguntas» y hasta ahora van 99. Aquí hemos llegado. Antes de compartirte la última pregunta, para mí es importante que entiendas que las preguntas logran:

1. **Cambiar tu perspectiva.** El hecho de cuestionar implica investigar, hallar nuevos ángulos, o bien, analizar un problema desde múltiples formas, como si se tratara de una pintura cubista y observaras todas sus partes. El hábito de cuestionar te ayudará a cambiar tu perspectiva. Verás que una gran mente es capaz de cuestionarse cualquier situación, por más sencilla que parezca porque sabe y siente que siempre hay una nueva cara y un nuevo ángulo para enfocarla y que, según se vea, lo interpretará de mil y un maneras.

2. **Cuestionar supuestos.** Casi todos los sistemas con los que operamos están basados en supuestos, en ideas y

conceptos que asumimos como verdaderos sin que necesariamente lo sean. Son sistemas en regla y creemos que están ahí por algo. Sin embargo, cuando cuestionas, llegas a la base estructural de un modelo y te das cuenta de que podrían o no ser ciertos. Pensar en la existencia y veracidad de los supuestos despierta tu creatividad y tu capacidad disruptiva. El poder de innovación descansa en esta cualidad del cuestionar.

3. **Abrir el marco de pensamiento.** Como ya viste, muchas de las respuestas se desviaron de la pregunta inicial. ¿Es esto malo? Para nada. Todas ellas te invitaron a ver más allá y a empezar a definir un reto más grande. Repito, son detonantes. Lo interesante es cuando dentro de la respuesta surgen otras preguntas y ese marco o límites definidos por la primera pregunta se rompen en decenas.

Yo sé, me falta darte la última pregunta. No se me ha olvidado. Lo que pasa es que ésta es una pregunta diferente a las otras del libro.

La centésima pregunta te toca a ti. Es tu pregunta maestra. Vas a identificar una pregunta en particular, demasiado ambiciosa y que para responderla tengas que entrar en acción sí o sí. Debe ser una pregunta tan compleja que responderla sea tu recorrido de vida.

Así es, la última pregunta en realidad no es para mí, nadie me la hizo, sino que tú te la harás a ti mismo. Y no, no me he sacado esto de la manga porque yo mismo he definido ya mi pregunta maestra y llevo años buscando la mejor manera de responderla, aunque en el proceso me han surgido más preguntas, otras respuestas, muchísimas acciones y reflexiones. Te la voy a revelar.

Mi pregunta maestra me llegó hace tres años y es probable que ya la conozcas:

> ¿Cómo puedo potenciar a un millón de emprendedores?

De hecho, este libro es una manera más de responder a esa pregunta. Otras son las piezas de contenido digital (videos, podcasts, entrevistas, retos), mis programas «M3E» y «Mastermind», en donde me enfrento y conozco a miles de emprendedores cada año, entre otros más. Casi todo lo que hago va en pro de encontrar la respuesta. Por eso, si alguna de las preguntas aquí contenidas te ayuda en tu camino y sirve para potenciar tu camino, como he dicho antes, te espero con un dólar en mi funeral.

Dicho eso, te pregunto: ya que definas cuál será la tuya, ¿cómo vas a resolverla? Permíteme romperte la madre: espero que la pregunta que elijas no tenga una respuesta. Las preguntas sencillas exigen respuesta de Google. Las preguntas maestras, las que de verdad mueven e inspiran al ser humano, no tienen una sola respuesta. Van respondiéndose con el tiempo. Por eso, trata de seguir en el recorrido de la respuesta a tu pregunta maestra por mucho tiempo, porque irás encontrando siempre más y diferentes soluciones y caminos, además de un montón de preguntas.

En definitiva, algunas personas son mejores para definir preguntas maestras más ambiciosas. El sujeto que se me viene en mente es Elon Musk. Él ha creado múltiples empresas

—todas valiosas— en diferentes industrias, desde PayPal hasta Tesla, SpaceX o The Boring Company. Cada una ha surgido desde la posibilidad de imaginar un futuro diferente ante una sola pregunta ambiciosa:

¿Podemos crear un futuro sustentable a través de autos eléctricos?

Su respuesta provocó, como ya sabes, toda una cadena de sucesos en la industria automotriz y una cadena de negocios exitosa. Y, aunque no son los únicos que producen autos eléctricos, sin duda fueron ellos quienes detonaron el proceso.

Vamos a cerrar de una vez. ¿Cómo vas encontrar tu pregunta maestra?

Alfred Nobel era un ingeniero dedicado al desarrollo de explosivos. Consagró años de su vida a esa empresa. De hecho, fue dueño de más de trescientas patentes de explosivos y, en el proceso, inventó la dinamita, que fue producto de muchísimas muertes. Por supuesto, ésta se usaba en un sinfín de tareas productivas, como la minería, aunque claro que también fue piedra angular de la evolución de las guerras. En 1888, Ludwig, su hermano, falleció en Francia y la prensa pensó que quien había fallecido era Alfred. Por lo tanto, publicaron su obituario y en este escribieron: «Muere el mercader de la muerte». Alfred lo leyó y se preguntó: «¿Quiero que me recuerden así?». Este hecho fue un golpe y un ajuste en la mente del ingeniero.

Alfred Nobel es, por si no sabías ya, el creador de los Premios Nobel. Es su fortuna la que fue repartiéndose entre los ganadores de los premios.

Tú no vas a leer tu obituario, pero ¿qué pasaría si así fuera? ¿Qué decisiones cambiarías? No las pasadas, sino las que vienen. De hecho, si pudieras definir tu vida, sería a partir de la respuesta a dos preguntas: ¿Qué tipo de persona quiero ser y cómo quiero que me recuerden? ¿Qué tipo de vida quiero vivir? Si tienes clara la respuesta a ambas, podrás acercarte a tu pregunta maestra.

> Si quieres definir el tipo de persona que quieres ser y cómo te van a recordar, inicia con una buena búsqueda entre tus pasiones e intereses.

Piensa en lo que te mueve, en aquello que te inspira, en las ideas que te mantienen despierto en las noches. En las incógnitas de tu vida. En lo que hace que se despierte tu hambre, ese fuero interno. Aprovecha lo que has avanzado de tu recorrido de emprendimiento y de vida. Una vez que tengas una noción de esto, asegúrate de escribir tu pregunta maestra con claridad.

Aquí, por ejemplo.

Mi pregunta maestra:

_____

_____

_____

Ahora sí, con esta pregunta, hemos llegado a las 100 respuestas que buscabas en este libro. Llegamos a una pregunta y seguro no lo esperabas. Ojalá que entiendas con ese último renglón que:

> Las preguntas son la verdadera respuesta.